心理学论文

写作规范（第二版）

中国心理学会◎编

科学出版社
北京

内 容 简 介

为了学术交流的便捷，科技论文写作都有一定的规范要求。美国心理学会的《美国心理学会出版手册》在国际心理学界和其他社会科学领域都有广泛的影响。

本书基于《美国心理学会出版手册》（第六版），同时根据我国科技期刊的出版要求编写而成。本书主要对心理学论文各部分的写作进行规范性说明，同时根据科研新技术、新方法增补了有关内容，旨在规范我国心理学及其他社会科学的论文写作，同时给向国外投稿的学者、学生提供帮助。

本书适合心理学及其他社会科学的大学生、研究生及科研人员参阅。

图书在版编目（CIP）数据

心理学论文写作规范 / 中国心理学会编. —2 版. —北京：科学出版社，2016.2

ISBN 978-7-03-047301-1

Ⅰ. ①心… Ⅱ. ①中… Ⅲ. ①心理学-论文-写作-规范 Ⅳ. ① H152.2-65

中国版本图书馆 CIP 数据核字（2016）第 026647 号

责任编辑：付　艳 / 责任校对：郑金红

责任印制：赵　博 / 封面设计：铭轩堂

编辑部电话：010-64033934

E-mail: fuyan@mail.sciencep.com

科学出版社出版

北京东黄城根北街 16 号

邮政编码：100717

http://www.sciencep.com

北京华宇信诺印刷有限公司印刷

科学出版社发行　各地新华书店经销

*

2002 年 9 月第　一　版　开本：720×1000　1/16

2016 年 2 月第　二　版　印张：12

2025 年 2 月第十次印刷　字数：172 000

定价：49.90 元

（如有印装质量问题，我社负责调换）

本书编委会

第二版前言

随着我国心理学的快速发展，2013年由民政部批准，中国心理学会成立了“出版工作委员会”，由中国心理学会前理事长杨玉芳先生担任主任，胡竹菁、罗劲和邱炳武三位博士担任副主任。2014年元月，由杨玉芳先生主持，出版工作委员会在中国科学院心理研究所召开了首次工作会议，讨论当年的工作计划。会议的成果之一是决定今后以“中国心理学会出版工作委员会”的名义继续主办“中国心理学学术期刊联席会议”（该会议之前已经由中国心理学会旗下各专业学术期刊轮流主办了七届），并确定当年7月中旬召开第八届“中国心理学学术期刊联席会议”，由江西师范大学《心理学探新》杂志编辑部承办。

在对《心理学探新》杂志主编胡竹菁博士提出的第八届“中国心理学学术期刊联席会议”的议程进行审议时，与会的委员们对“是否需要对《心理学论文写作规范》一书进行修订”这一议题给予了热烈的响应，大家都意识到，随着时间的推移，《心理学论文写作规范》（2002年版）虽然在我国心理学研究生的培养和规范研究生学术论文的格式等方面起到过重要作用，但其局限性也日益显现：

（1）作为写作蓝本的《美国心理学会出版手册》（Publication Manual of the American Psychological Association，以下简称《APA 出版手册》）2010 年由美国心理学会出版了第六版，该书与 2001 年的第五版相比有了较大的变动。

（2）虽然是以《APA 出版手册》为蓝本，但《心理学论文写作规范》（2002 年版）并未把《APA 出版手册》第五版中对研究报告类文章所要求提供的“统计检验力”（statistical power）和“效果大小”（effect size）等统计指标纳入我国心理学研究报告的范围，而从 2013 年起，《心理科学》和《心理学探新》等学术期刊对这类文章已先后有这方面的要求。

（3）《心理学论文写作规范》（2002 年版）一书附录中所提供的范文格式也与当今我国心理学各杂志通常要求的格式不一致……

鉴于上述各方面的原因，与会各位委员在对这一议题进行充分讨论后，都觉得《心理学论文写作规范》一书在客观上有了修订再版的需求，因此最后一致同意把《心理学论文写作规范》的修订工作纳入中国心理学会出版工作委员会的年度工作计划中，并决定由杨玉芳主任负责全面协调修订工作，由胡竹菁和邱炳武两位副主任负责组织相关人员进行具体的修订工作。

2014 年 7 月中旬，第八届“中国心理学学术期刊联席会议”如期在江西师范大学举行，会议由中国心理学会出版工作委员会杨玉芳主任主持。与会学者除了中国心理学各学术期刊的主编（张侃、李其维、隋南、白学军、赵国祥、胡竹菁）或副主编（方晓义、周晓林、叶浩生、卢家楣等）之外，还邀请了中国社会心理学会主办的《中国社会心理学评论》（以书代刊）的主编、现任中国社会心理学会会长杨宜音女士，中国心理卫生协会主办的《中国临床心理学杂志》姚树桥主编和《中国心理卫生杂志》的代表，以及两份心理学学术内部期刊即《社会心理研究》（杨宜音兼任主编）和《心理教育》陈中永主编参加。此外，这次会议还首次邀请了台湾辅仁大学主办的学术期刊《应用心理研究》的主编刘兆明教授来参会；在首届“中国心理学学术期刊联席会议”上即向中国心理学会首先倡议要组织撰写中国自己的“心理学论文写作规范”的香港中文大学的侯杰泰教授，此次作为特邀代表也专程前来参加会议。与会专家学者对《心理学论文写作规范》（第二版）的初稿进行了审议，并提出了许多修改意见供参考。

本书的修订工作遵循“以初版原有内容为框架，参考《APA出版手册》第六版及我国实际情况，对不适合的内容进行修改”的修改原则，经过相关工作人员近一年的努力，终于完成了本书的修改工作。与初版相比，本书的全书架构由原来的5章内容改为8章，主要在下列方面有较大的改动：

（1）原来的第3章“结果的表达”分解为两章内容，即现在的第3章“描述统计结果的表达规范”和第4章“推断统计结果的表达规范”。

（2）心理学学术期刊在接收学术论文的稿件时，对于文章中参考文献的引用要求按“APA格式”，因此增加一章（即第5章），以《心理学报》为例专门论述“参考文献著录要求”。

（3）针对各出版社在出版心理学学术专著时，对于参考文献的引用有按“中华人民共和国国家标准UDC 001.81 GB 7713−1987”的要求，因此专列一章（即第7章）来论述心理学的学术专著应该如何遵循《科学技术报告、学位论文和学术论文的编写格式》（GB 7713−1987）。

本书各章修订工作的具体执笔人员为：江西师范大学的胡竹菁教授负责

"第 1 章　学术论文的内容和形式"和"第 4 章　推断统计结果的表达规范"的修订；中国科学院心理研究所的邱炳武博士和李金珍博士负责"第 2 章 研究报告的结构"、"第 5 章　参考文献著录要求"和"第 6 章　论文的投稿和出版"的修订；天津师范大学的白学军教授负责"第 7 章　《科学技术报告、学位论文和学术论文的编写格式》简介"的撰写工作；江西师范大学的董圣鸿教授负责"第 3 章　描述统计结果的表达规范"的修订。"第 8 章　中国心理学学术期刊简介"仍然由各学术期刊负责人负责修改。

谨望本书能对推动和繁荣我国现阶段心理学学术论文的出版工作、指导心理学在校研究生的学术研究起到应有的作用。

中国心理学会出版工作委员会

2016 年元月

第一版前言

科学研究是一项极富创造性的工作。科学研究的成果需要按照一定的形式来表达，而论文则是科研成果的重要表达手段之一。科研论文只有在学术期刊上发表，才有可能使该研究工作在更大的范围内被人了解和利用。

科研论文的写作应该遵循一定的规范。如果每个人都熟悉并严格按照一定的规范来写作，那么，研究者撰写论文的难度就会降低，读者也能够更方便地判断论文的完整性、创造性和清晰性，研究同行之间也可以更便捷地进行交流。

我国已经对科研论文的写作规范制订了一些国家标准，如《科学技术报告、学位论文和学术论文的编写格式》（GB 7713−1987）等。但由于这些标准是从多个学科整体上规范学术论文，而每一学科又有着各自的特点，因此，现有的国标还不可能对心理学中的一些特殊情况作出规定。在我国目前心理学论文的出版中，还存在许多方面不够统一的问题。各心理学期刊对摘要、表格、插图、统计表达、参考文献等论文格式的要求还存在一些差异，致使作者在撰写论文时没有统一的标准可以参照，这给论文作者及其向期刊投稿带来一些麻烦。鉴于心理学期刊的出版现状，有必要编写一本我国心理学科技论文的写作规范。

2001 年 3 月 26~29 日，全国各主要心理学期刊负责人在江西师范大学举办了"全国心理学学术期刊主编联谊会"，研讨如何办好心理学学术期刊等问题。会议期间，香港中文大学教育心理系侯杰泰教授提出，美国心理学会有《美国心理学会出版手册》，影响很大，中国心理学会也应该出版与之类似的手册，以规范和指导我国心理学工作者，尤其是年轻学生的心理学论文写作。这一提议得到大家的一致认可。在陈永明教授（时任中国心理学会理事长）的首肯下，由《心理学报》和《心理科学进展》编辑部邱炳武博士牵头，以《美国心理学会出版手册》为蓝本，参考我国期刊出版的有关规定，着手编写《中国心理学会论文写作规范》。《心理学报》主编林仲贤研究员、《心理科学》主编杨治良教授、《心理发展与教育》副主编邹泓教授、《中国临床心理学杂志》编辑部主任程灶火教授、《心理学探新》主编漆书青教授都同意亲自或委派他人参与这一编写工作。

2001 年 4 月，经协商，由程灶火、郭力平、邱炳武、解军、叶金辉、庄景春、邹泓（按汉语拼音排序）组成本书编写组，按照《美国心理学会出版手册》的结构分头编写。其中郭力平负责编写"文稿的内容和组织"部分，解军负责编写"思想的表达"部分，邹泓负责编写"统计和数学方法"部分（屈智勇、刘艳、赵霞、高琨参与了这一部分的工作），程灶火负责编写"表格"部分（王力参与该部分的工作），叶金辉负责编写"插图"部分，庄景春负责编写"参考文献"部分，其余部分由邱炳武负责编写。最后由邱炳武根据我国期刊出版的要求，对全书的结构进行了统一的调整和修改。在本书初稿完成后，又邀请心理学各领域的专家以及科学出版社期刊出版的专家对本书进行了审查，为本书提出了许多建设性意见。

本书的撰写者是一批有着丰富经验的编辑和研究人员，我想该书的出版将会为我国心理学工作者的写作提供一定的帮助。但有些规定还没有在更大范围内征求意见，因此，书中一定有一些有待进一步商榷之处，希望广大读者在使用过程中，为以后更完善的再版提出意见和建议。

张　侃

中国心理学会理事长

2002年6月

目　　录

第1章 学术论文的内容和形式

1.1 学术论文的含义及其与心理学研究过程的关系

心理学的知识体系源于心理学工作者对人类心理的科学研究过程。通常对“科学”（science）一词的理解是“以范畴、定理、定律形式反映现实世界多种现象的本质和运动规律的知识体系”（《中国大百科全书·哲学卷》）。

不同学科对该学科的科学研究过程有不同的描述，我国学者舒华等（2008）认为，可以将心理学的科学研究过程分解为以下8个步骤：

课题的选择与问题的提出

↓

实验设计的确定

↓

被试的选择

↓

材料的选择

↓

仪器的选择和程序的确定

↓

搜集和分析数据

↓

对数据理论意义的讨论和推论

↓

撰写论文并提交发表

而美国心理学家 Whitley 和 Kite（2013）则认为，可以将心理学的研究过程缩减为以下 5 个步骤：

确定要研究的问题并建构假设

↓

选择研究方法

↓

收集数据

↓

分析和解释数据

↓

报告研究结果

上述学者对心理学研究过程的描述说明，如何将自己的研究结果通过某种形式报告出来与同行们共享是心理学家进行心理研究的重要内容。

研究结果存在多种不同的报告形式，其中最为重要的是以下两种报告形式：①学术专著（主要由出版社出版）；②学术论文。

《科学技术报告、学位论文和学术论文的编写格式》（GB 7713–1987）对学术论文的定义是：“学术论文是某一学术课题在实验性、理论性或观测性上具有新的科学研究成果或创新见解和知识的科学记录；或是某种已知原理应用于实际中取得新进展的科学总结，用以提供学术会议上宣读、交流或讨论；或在学术刊物上发表；或作其他用途的书面文件。”

学术论文通常发表在专业学术期刊上，学术期刊在学术研究过程中具有重要的作用。我国著名科学家卢嘉锡曾形象地把学术期刊的出版工作看做是科研工作的龙头与龙尾（霍效光，1994）。科研工作是在前人的基础上开展的，因此研究者必须广泛阅读文献，而学术期刊是文献的主要载体，此为龙头；科研工作的完成需要呈现科研成果，而科研成果的主要呈现形式是学术论文，即发表在学术期刊上的学术论文，此为龙尾。

学术期刊是积聚某一领域知识的宝库，其中凝结着多年来众多研究者的成功、失败及他们所提供的信息和观点。对文献的了解可以让研究者避免无意义地重复前人的工作，并可以在已有工作的基础上去研究发现新的东西。因此，一份精心准备并仔细审核的科研文献，有利于促进学科领域的发展。

本书重点讲述学术论文的写作规范。

1.2　学术论文的类别

根据不同的分类标准，可以得出不同的学术论文的类别。常见的一种分类是根据研究所属的学科属性的不同将学术论文区分为“自然科学类学术论文”和“社会科学类学术论文”两种类型。这两种类型中每一类又可按各自的门类分下去。如“自然科学类学术论文”又可细分为数学、物理学、化学、生物学等不同学科的学术论文；“社会科学类学术论文”可细分为文学、历史学、哲学、教育学、政治学等不同学科的学术论文。心理学研究的学术论文根据其内容在性质上既可以是“自然科学类学术论文”，也可以是“社会科学类学术论文”。

根据写作目的不同，也可以把学术论文分为交流性论文和考核性论文两种类型。所谓交流性学术论文，目的只在于供专业工作者进行学术探讨，发表各家之言，以显示各自学科发展的新态势；所谓考核性论文，目的在于检验学术水平，成为有关专业人员升迁晋级的重要依据。

我们还可以根据内容性质的不同来对心理学学术论文进行以下两种分类：

1）把心理学的学术论文分为理论研究型和应用研究型两种。“理论研究型学术论文”重在对各学科的基本概念和基本原理的研究；“应用研究型学术论文”侧重于如何将各学科的知识转化为专业技术和生产技术，直接服务于社会。

2）把心理学的学术论文分为实验研究报告、综述论文、理论性论文、方法学论文和个案研究 5 种类型（美国心理协会，2011）。

1. 研究报告

研究报告是对研究者对自己所从事的某项实验研究结果的原创性报告，其中也包括对原始数据的二次分析，分析的目的主要是假设检验过程。这类文章主要由反映研究过程各阶段的内容组成，本书第 2 章将详述研究报告的一般结构，第 3~5 章则主要论述这类文章在撰写体例上的各种要求。

2. 文献综述性论文

文献综述性论文是指研究者对某一研究领域中已经发表的文献材料进行的批评性评价研究成果，包括综合研究和整合分析两种形式。

所谓整合分析是指，研究者通过一种定量的统计程式，把已有的很多研究结果合并起来加以分析后得出研究结果，通常也把这种研究称为元分析研究。

文献综述性研究者在组织、整合及对已出版材料进行重新评价的研究过程中，需要考虑的主要问题是：已有研究把关于某个问题的研究向前推进了多少。在某种意义上，这种研究具有一定的指导性，因此应注意以下几点：

1）对所要研究的问题进行清晰的定义；

2）总结以前的研究，使读者了解研究的现状；

3）辨明文献中各种关系、矛盾、差距及不一致之处；

4）就解决特定问题接下来应该采取哪个（或哪些）步骤提出自己的建议。

就论文的格式而言，文献综述性论文与实验研究报告不同的是，它不是按研究进程来组织的文章的架构，文献综述性论文的各组成部分都可以以各种方式来进行安排。例如，可以根据研究所依据的有关概念或理论之间的相似性来进行综合评述，也可以就所研究问题在研究方法上的异同进行综合评述，还可以就某研究领域的历史发展脉络的逻辑关系进行综合评述。

3. 理论性论文

根据已有的研究文献来建构理论，这类文章称为理论性论文。理论性论文与综述论文在结构上经常是类似的，但理论性论文只引用那些对其理论建构有作用的实验资料。作者追溯理论发展过程是为了提炼其理论框架。作者通常会对已有的理论进行分析，指出其不足之处，比较说明各理论之间的优劣，并提出新的理论。在这一类论文的理论性分析中，通常作者会考查一个理论的内部和外部一致性，理论本身是否自相矛盾，以及理论与实验观察结果之间是否矛盾。与综述论文相似，理论性论文的各部分也是按内在逻辑关系而不是根据研究进程来编排的。

4. 方法学论文

介绍一种新的研究方法，改进已有的研究方法，对定量的数据分析方法进行讨论，这类文章都属于方法学论文。研究方法或数据分析方法是这类文章的重点，引入具体的研究数据仅仅是为了对方法进行说明。这类论文应对所讨论的方法提供足够详细的描述，如有必要，应在附录中给出技术性的资料，如统计程序、数学推导过程等，以使读者明白，并能对该方法的可行性做出评价。从某种角度来看，方法学论文也可能是上述三种论文的特例。

5. 个案研究

根据某一个或几个被试的特殊情况，提出新的问题或解决问题的方法，也可以对难以解决的理论问题有所启示，这类文章称为个案研究。在个案研究的写作中，作者既要考虑到保护当事人的个人隐私，又要考虑到把重要的材料描述清楚，这个平衡点通常较难把握。可以让当事人查看已写好的个案研究，给出同意发表的书面意见，也可以通过改动个案材料的某些方面（如改变被试的人口学特征或增加一些无关材料）进行掩饰，以使当事人及其熟悉的人都认不出来。当然，这种改动是有限的，一般不能改动那些有助于说明问题的变量。从某个角度来看，个案研究也可能是实验研究的特例。

学术期刊上发表的论文类型除这 5 种外，还有一些不太常见的论文类型，如简报、对以前发表论文的评论和回应等。

1.3 学术论文的内容和形式

任何一篇学术论文都包含内容和形式两个方面，是内容和形式的统一体。

内容是决定一篇论文能否发表的关键。无论写作技巧有多高，如果一项研究缺乏创新性或存在设计错误等研究方法上的问题，那么该稿件就不会被录用。在撰写论文之前，作者必须严格审查研究的质量，确定研究是否达到发表的水平。实际上，前面所述研究过程中的每个阶段都可能对研究结果的质量造成影响。因此，《APA 出版手册》指出，为了使自己的研究有较高的水平，作者在进行研究之前需要重点考虑以下几个问题：

1）研究的问题是否有意义，是否有创新之处？

2）研究工具是否具有令人满意的信度和效度？

3）研究设计是否合理？

4）研究假设是否得到了充分的检验？

5）研究结果是否真正反映了所考察的变量？

6）被试是否具有代表性（是否能代表要做出普遍性结论的人群）？

7）研究结论是否对以前的研究有所发展，有否发表价值？

尽管这些论文的内容不同，但任何论文在形式上都应该符合一定的出版要求。

关于学术论文的格式，不同国家会有不同的标准。在我国心理学界，在考虑学术论文的格式时一方面注意尽可能地遵循国家相关标准，如《科学技术报告、学位论文和学术论文的编写格式》（GB 7713-1987）等（详见第 7 章），也经常参考由美国心理学会制定的《APA 出版手册》。根据最近几年学术论著的出版情况，在学术论文的写作格式上采用“APA 格式”已经成为我国心理学学术期刊出版物的行业标准（如《心理学报》《心理科学》等主要心理学专业学术期刊均采用“APA 格式”）；但在出版学术专著时，我国的出版社基本上还是要求按 GB 7713-1987 中所要求的格式规范。

1.4 本书内容架构

由于心理学的大部分学术研究成果是以"实验研究报告"的学术论文形式加以发表，因此本书第 2~6 章将以实验研究报告类学术论文的格式来介绍学术论文在形式上的表达要求，其中：第 2 章论述研究报告的结构；第 3 章论述实验研究报告中有关描述性研究结果的表达规范，如研究结果的表、图表达和数字、符号、公式使用的规范等；第 4 章则论述研究报告中有关推断统计结果的表达规范；第 5 章论述我国心理学专业学术期刊对参考文献著录要求的行业规范要求；第 6 章论述心理学论文的投稿与出版。

此外，为了让心理学研究者出版专著时能更为便利，本次修订版专门增加一章即第 7 章，介绍《科学技术报告、学位论文和学术论文的编写格式》，这主要是国内出版社对书稿的格式要求。最后，像第一版那样，第 8 章列出我国各心理学专业学术期刊的简介。

第2章 研究报告的结构

一篇完整的心理学研究报告，大致包括：①前置部分，即文题、作者姓名、作者单位、摘要、关键词、分类号；②主体部分，即前言、方法、结果、讨论、结论、参考文献、附录。以下结合心理学论文特点进行逐一说明。

2.1 标题

学术论文的标题，从结构形式上可分为总标题和一级标题、二级标题、三级标题。总标题是一篇文章的篇名，通常称为题名，也叫文题。一级及以下标题通过不同形式的逻辑分层，表现出论文中不同层次内容的深度、上下级的连接关系和并列标题的相互对应关系，构成文章的逻辑结构。

2.1.1 中文文题

文章题名即一篇论文的篇名，是揭示论文主题和概括文中内容的简明词语，其特点是言简意赅、概念明确、层次分明、直观醒目。

文题应能展现论文的中心内容和重要论点，使读者能从文题中了解到该文所要研究的核心内容和主要观点。研究报告的文题应包括所研究的重要变量及它们之间的相互关系，如“动态情景中颜色特征和身份特征在返回抑制中的作用”；理论综述类论文的文题也可以是直接研究的某个理论问题，如“公正世界信念的文化差异”。

作为一篇论文的总名称，文题要概括适度，避免使用含义笼统的词语。如“研究”、“实验研究、“心理学研究”、“分析”、“探讨”、“回顾与展望”等，多数情况下属于冗余词汇，除了增加文题的字数外，对了解这篇论文没有任何用处。

心理学的研究领域很广，要吸引其他专业读者的关注，文题中要尽量避免使用缩略词，更不能用非公知公用的英文缩写。

读者浏览期刊目录，搜索他们感兴趣的论文。由于人的注意力和视野都有一定的范围，文题太长不容易让读者把握论文的内容。理解太费力，期刊论文又那么多，读者就可能直接把这篇论文忽略过去。所以，中文题名一般不宜超过 20 个汉字。

文题语义未尽，确有必要补充说明其特定内容时，如报告研究课题分阶段所取得的成果，可以采用不同的副标题来区别其特定内容。但为方便文献检索，尽量不使用副标题。

文题一般使用陈述句，但为了增加论文吸引力，也可以使用疑问句，如“情绪能预测股市吗？”。

受国外期刊论文的影响，带有冒号的文题也越来越多，也算是一种形式上的创新。刚开始时让人觉得新颖，但这种形式的文题看多了，也就起不到吸引读者的作用。

2.1.2 英文文题

英文文题一般是中文文题的翻译，基本要求与中文文题相同。

英文文题要求以短语为主要形式，尤以名词短语最常见，即文题基本上由 1 个或几个名词加上其前置和（或）后置定语构成。例如：

Semantic Processing of Phonetic Radicals in Reading Chinese Characters

短语型文题要先确定好中心词，再进行前后修饰。各个词的顺序很重要，词序不当，会导致表达不准。

在能准确反映论文特定内容的前提下，文题字数越少越好。近年来文题趋向简洁，冠词可用可不用时均不用。

大小写。分三种情况：①全部大写；②实词首字母大写，虚词小写（有4个或5个字母以上的虚词首字母也可大写）；③第1个词的第1个字母大写，其余全部小写。不同期刊有不同规定。

缩略语。本专业或相邻专业公知公用的缩略语可用于文题，如IQ、MMPI、DNA等。

副题名。中文的副标题应尽量少用，因为中文文题和副标题是两个句子，之间常用破折号分开，使文题字数增加。但英文副标题可以多用，因为英文的文题和副标题用冒号隔开，副标题可以是短语，这样表述比较简明。

2.1.3 层次标题

层次标题是文章的组织结构，用来标示行文顺序和各段落内容上下衔接及层位结构中相对完整的程度，帮助读者掌握论文的概要和各部分的相对重要性。层次标题一般以不超过三级为宜。每一层次的标题至少有两个。心理学实验研究报告通常有4个一级标题，即前言、方法、结果、讨论。每个一级标题下还可有二级标题，二级标题下有三级标题。在一篇论文中，所有同等重要的标题应具有相同的标题等级，如在同一篇多实验的论文中，实验1中“方法”和“结果”的标题等级应与实验2的相同。

标题的层次应根据实际需要而定。对篇幅较短的论文来说，只需几个一级标题就可以。多数心理学论文需要二级或三级标题，如“方法”下又分“实验仪器”、“实验过程”等。对于复杂的论文，如果三级标题下仍需分层，通常用（1），（2），（3）……或a.，b.，c.……来标示。

层次标题统一用阿拉伯数字表示，各级号码之间加一小圆点，末尾一级不加小圆点。层次标题一律左顶格。编号后空1个字距，再接排标题名称。

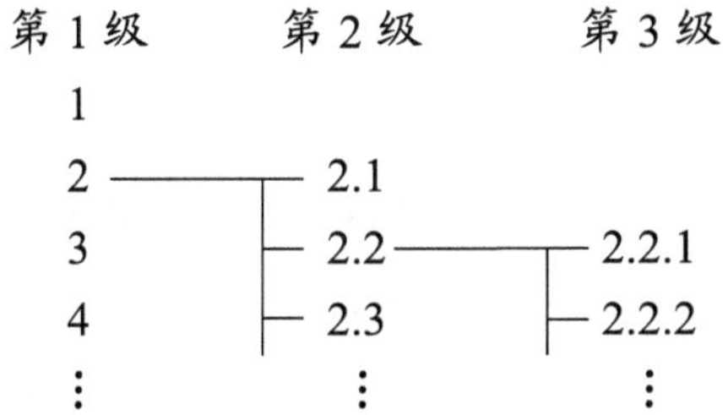

一级标题后的排文应另起行；二级以下标题后的排文，可另起行，也可以标题后空 1 个字距接排文。

标题转行时应保持词语的完整性，并尽可能将虚词留在行末。总标题（题名）如一行排不下，转行后一般以上宽下窄呈倒梯形为宜。一级以下标题如需转行，应与标题行左端对齐。

标题中尽可能不用或少用点号，标题末不用点号。

标题不得排在页末而无接文，即避免背题。

为了版式的层次分明、美观醒目，通常以不同的字体、字号区分不同层次的标题。

2.2　作者及所属机构

论文的作者应在发表的作品上署名。署名者可以是个人作者、合作作者或团体作者。

2.2.1　署名的意义

署名是拥有著作权的声明。《中华人民共和国著作权法》规定：著作权属于作者。著作权包括发表权、署名权、修改权、保护作品完整权等。署名权即表明作者在作品上署名的权利；署名表明作者的劳动成果及作者本人都得到了社会的承认和尊重，即作者向社会声明，作者对该作品拥有了著作权。

署名是表示文责自负的承诺。所谓文责自负，即论文一经发表，署名者对作品负有责任，包括政治上、科学上和法律上的责任。如果文章中存在剽窃、抄袭的内容，或者有政治性、技术性错误，署名者应负完全的责任。署名即表明作者愿意承担责任。

署名便于读者与作者联系。读者若需向作者询问、质疑或请教，可以直接与作者联系。署名即表明作者有同读者联系的意愿。

2.2.2 署名原则

论文的署名者应具备下列条件：①本人应是直接参加课题研究的全部或主要部分的工作，并做出主要贡献者；②本人应为作品创作者，即论文撰写者；③本人对研究数据、概念和结果解释具有答辩能力，并为论文的直接责任者。

有的人虽为课题组成员，参加了部分研究或实验工作，但由于其工作性质是辅助性的，如分发问卷、进行部分访谈等，不应列为作者；也有人对研究工作确有贡献，并对成果具有答辩能力，但未直接参加作品的创作工作，也不宜作为论文的作者。作者应是上述 3 个条件的同时具备者。不够署名条件但确对研究成果有所贡献者可作为致谢栏（排在正文全文末，与正文末行隔开 1 行，用不同字体排）中的感谢对象。因此，最好在进行一个研究项目时能够尽早确定作者名单及排名顺序，并有书面协议，以免论文发表时产生署名纠纷。

学位论文改写后在期刊上发表，也存在署名问题。因为学位论文及其报告的成果是在导师的指导下完成的，所以，可以由学生和导师共同署名，一般是学生在前，导师在后。

多位作者共同完成的作品联合署名时，署名顺序按对该文的贡献大小排列。第一作者是主要贡献和直接创作者，同时又是作品的直接责任者，享有更多的权利，承担更多的义务。除有特别声明外，第一作者就是第一权利、第一责任和第一义务者。

团体作者和执笔者。如果由一个组织机构或数人组成的团体对一篇作品（论文）承担责任，可以用该团体的名称来署名。

2.2.3 作者人名的汉语拼音拼写规则

根据国家质量监督检验检疫总局和中国国家标准化管理委员会 2011 年发布的《中国人名汉语拼音字母拼写规则》（GB/T 28039-2011）规定：中国人名的拼写是姓在前，名在后；姓和名之间用空格隔开；复姓、双字名或多字名，两字或多字之间无需空格分开；双姓之间需加连接号；注明声调。但在国际体育比赛等场合，可以省略声调。

据此，西文期刊和中文期刊中的英文部分，涉及中国人名的地方，需书写为以下样式：

单姓单名	杨　立	Yang Li
单姓双名	杨为民	Yang Weimin
复姓单名	欧阳文	Ouyang Wen
复姓双名	欧阳文芳	Ouyang Wenfang
双　　姓	孙李慧芳	Sun-Li Huifang

以“杨为明”为例，正确拼法为 Yang Weiming，而 YANG Weiming、YANG Wei-ming、YANG Wei-Ming、Yang Wei-Ming、Yang WeiMing、Yang Wei-ming、YANG WEIMING、YANG WEI-MING、WEIMING YANG、Weiming Yang 等都不符合要求。但因为该标准为推荐标准而非强制标准，所以平时我们看到的中国人名拼写五花八门。

对于期刊论文来讲，我们要尽可能遵照国家规定来执行。但由于中国人姓前名后（外国人名前姓后），有人单字名，有人双字名（文献录入时，一般是姓氏全拼，名字缩写为首字母），在国际交流、期刊检索、西文数据库收录中，目前这种拼写规定有时很难分清姓和名，也分不清单字名和双字名，特别是在没有可以参照的情况下更容易混淆。如 Li Su，可能分不清姓李还是姓苏，缩写时也不知道写成 Li S. 还是 Su L.。再如，Li Shu 和 Li Suhong 缩写都是 Li S.。拼法混乱将给涉及作者姓名的文献计量分析、图书管理等带来极大麻烦，甚至可能导致错误。

鉴于此，国内中文各期刊的标准也不尽相同。有的为了区分姓和名，把姓氏全部大写;有的为了区分单字名和双字名，要求双字名之间用连字符。

综合考虑，如果作者是很少发过文章的新手，建议按照所投期刊的规定执行。如果作者有多篇文章发表，为了前后的统一，可以按照自己的习惯拼法来写。一个人的职业生涯中，应尽可能保证姓名拼写的一致性。如果自己的习惯拼法被期刊编辑修改，可向期刊编辑说明。

一些常见的著名的历史人物的姓名，原来有惯用拼法的（如孔夫子 Confucius、孙逸仙 Sun Yat-sen 等），可以不改。

海外华侨及外籍华人、华裔的姓名，均以本人惯用拼法为准。

少数民族语姓名按照民族语，用汉语拼音字母音译转写，分连次序依民族习惯。

2.2.4 作者单位

作者单位及其通信地址是作者的重要信息之一。一般在发表作品时，应尽可能注明作者的详细工作单位和通信地址，包括所在城市名称及邮政编码，以便于读者联系。如果是其他国家，还应注明国家名称。

作者单位必须用全称标注，不得用简称。如“中国科学院心理研究所，北京 100101”不得简称为“中科院心理所，北京 100101”。

作者单位应是作者开展研究工作所在的单位。一个作者通常只有一个单位。只有当两个单位都为研究提供了经费或实质性支持,才列出两个单位。当作者没有所属单位时，应在作者名下面列出作者所在的省和城市。如果研究工作完成之后工作单位发生变化，则应在作者身份注释中列出作者当前所在单位。

作者单位的英译应该使用全称，慎用简称。如以 BNU 指代 Beijing Normal University，CAS 指代 The Chinese Academy of Sciences，一般读者很难迅速、准确地把握其具体指代。作者单位的英译一定要采用本单位统一的译法，作者自己切不可想当然，另起“炉灶”。

2.2.5 题注

论文的收稿日期、研究所得到的基金资助、通讯作者及联系方式等可以放在题注（首页的页脚）中。

通讯作者应是在较长时间内可以联系到的论文作者。因为学生在校时间短，毕业后的去向还不确定，而导师的工作单位相对比较固定，所以，应该把导师列为通讯作者。由于国内有关学生毕业、教师职称评定、课题结题等评审制度的引导，也有论文把非重要作者列为通讯作者，这种做法是不可取的。

2.3 摘要、关键词和分类号

2.3.1 中文摘要

摘要是对论文内容的简短而全面的概括，能够让读者迅速总揽论文的内容。与文题一样，摘要书写的好坏也直接影响到论文对读者的吸引力。

摘要是整篇论文中最重要的组成部分。就作者而言，一旦论文刊登在期刊上，论文摘要就将作为印刷版或电子版的摘要总集的一部分，开始其活跃而又长久的"生涯"。就读者而言，与某篇心理学论文的第一次接触多是从阅读其摘要开始的。多数人通过计算机检索系统对所需的文献进行搜索，计算机屏幕上显示的只有摘要部分。在翻阅学术期刊时，大部分人也是首先阅读论文的摘要，然后再依据摘要来决定是否阅读整篇论文。因此，摘要既要具有高度的信息浓缩性，又要具有可读性，还要结构完整、篇幅简短及独立成篇。

一篇好的摘要应具备以下特点：

◎ **准确性**。摘要应能准确反映论文的目的和内容，不应包含论文中没有出现的内容。如果该研究主要是在以前的某个研究的基础上进行的，是对以前研究的扩展，那么，就应该在摘要中注明以前研究的作者姓名和年份。

将摘要与论文的层次标题进行对比是核实摘要精确性的有效方法。

◎ **独立性**。摘要应自成一体，独立成篇，所以要对特殊的术语、所有的缩写（计量单位除外）、省略语做出说明，拼写出实验和药品的名称（药品采用通用名称）。新术语或尚无合适中文术语的，可用原文或译出后加括号注明原文。在引用其他出版物时要包括作者的姓名和出版日期（在论文的参考文献表中要充分说明文献资料的出处）。

◎ **简练而具体**。摘要中的每一个句子都要能最大限度地提供信息，且尽可能地简练。摘要的长度一般不超过 300 字。摘要的开头要提出最重要的信息（但不要重复题名）。它可以是目的或论题，也可以是结果或结论。摘要里最多只需包括 4 个或 5 个最重要的观点、结果或含意。

◎ **非评价性**。报告研究结果而不是对研究结果进行评价，不要在摘要中对论文内容做诠释和评论（尤其是自我评价），如“开创了先河”、“填补了空白”、“将对……产生重要影响”等。

节省摘要篇幅的方法

◎不要把本学科领域中的常识性内容写入摘要，但也不要过于深奥，令一般读者难以明白；切忌把应在前言中出现的内容写入摘要。

◎一般也不得简单重复题名中已有的信息。比如一篇文章的题名是《婴儿问题解决行为的特点与发展》，摘要的开头就不要再写“对婴儿问题解决行为的特点与发展进行了研究”。

◎除实在无法变通外，一般不用数学公式，不出现插图、表格。

◎不用引文，除非该文献证实或否定了他人已出版的著作。

◎用第三人称。建议采用“对……进行了研究”、“报告了……的现状”、“进行了……调查”等记述方式，不必使用“本文”、“作者”等作为主语。

◎ **连贯性和可读性。**采用条理清晰、措辞有力的形式写作。尽可能地使用第三人称来取代第一人称。避免使用缺乏实质信息的"万金油"语句，如："具有一定的理论意义和实践意义"或者"由此推断……"。

一篇**研究报告的摘要**应该包括：

◎ 研究的问题，如果可能，用一句话表达。

◎ 研究方法，包括被试，必要时需详细说明与研究相关的特征，包括被试人数、职业类型、年龄、性别、种族等；还包括研究工具或实验材料（仪器、药剂、测验、问卷、访谈提纲）、实验流程、数据收集和分析方法。

◎ 结果，有时需包括统计水平的显著性。

◎ 结论、含意或应用。

实验研究报告的摘要示例如下：

通过眼动实验考察了语篇背景对不同类型句子语义整合过程的影响。句子类型有 3 个水平：（1）宾语违反了动词的选择性限制；（2）宾语符合选择性限制，但是违反了世界知识；（3）无违反。语篇背景有 2 个水平：（1）中性背景；（2）校正背景。在中性语篇背景下，句子（1）（2）是不合适的；而在校正背景下，三种句子都是合理的。24 名大学生被试自然阅读的眼动数据表明，违反动词选择性限制的目标词上的首次注视时间、回视路径时间和总注视时间，在中性背景下比在校正背景下长，注视点个数也更多；而在非选择性限制违反条件下，语篇背景的效应只在总注视时间和注视点个数两个指标上显著。这些结果表明，当句子中的宾语违反了动词的选择性限制时，语篇背景影响了宾语的早期和晚期加工。而当宾语只违反世界知识时，语篇背景的作用体现在晚期阶段。语篇背景对当前信息的整合是动态的过程，并不是只能在固定某个阶段起作用。

资料来源：陈双，陈黎静，杨晓虹，杨玉芳 . (2015). 语篇背景在语义整合中的作用 . *心理学报*，*47*(2), 167–175.

一篇**综述或者理论性论文的摘要**应该包括：

◎ 主题，用一句话概括；
◎ 论文的意图、论题或组织结构和范围（全面的或有选择的）；
◎ 资料来源（例如个人观察资料，已发表的文献）；
◎ 结论。

综述类文章的摘要示例如下：

社会困境中的互依结构与不对称关系共同造就了两种不同且稳定的社会知觉模式。与此相应，个体存在两种行为模式，即：(1) 关注于力量与分层的垂直模式;(2)关注于道德与和谐的水平模式。在不对称社会困境中，那些在社会中占据强势位置的个体更可能采取垂直取向的行为模式，从而做出背叛选择，而那些占据弱势位置的个体则更可能采取水平取向的行为模式，从而做出合作选择。然而，个体动机会改变这种不对称社会结构与社会困境中决策之间的关系。这一观点很好地解释了相关研究，但仍需要深入发展和检验。

资料来源：刘长江，郝芳. (2015). 不对称社会困境中的决策：行为的双重模式. *心理科学进展*, *23*(1), 1–10.

一篇**方法学论文的摘要**应该包括：

◎ 方法的类别；
◎ 方法的基本特征；
◎ 方法的应用范围；
◎ 该方法在不同情况下的表现，包括它的统计力及在违反各项假设下的稳定性。

一篇**个案研究的摘要**应该包括：

◎ 被试及其相关特征；
◎ 个案所能说明的问题或解决办法；
◎ 对今后研究或理论建设的启示。

一篇精确、简练、易懂和信息量丰富的摘要能够增加论文的读者数量和将来论文的可提取性，必须在此基础上认真考虑摘要的长度。例如，对于一些英文数据库而言，如果摘要长度超过 960 个字符的限制，摘要录用者可能会删减摘要的长度以满足数据库的要求。

2.3.2 英文摘要

GB 7713-1987 规定，为了便于国际交流，科学技术报告、学位论文和学术论文应附有外文（多用英文）摘要。

一般而言，英文摘要应是中文摘要的转译，基本要求与中文摘要相同，

英文摘要节省篇幅的注意事项

◎ 除非数字位于句首，所有数字都采用阿拉伯数字表示（数字位于句首的句子应考虑重新组句）。

◎ 充分利用惯常的简化词语（例如，使用 vs. 代替 versus）；所有需要在论文的正文里进行解释的缩写，在摘要中第一次使用时也要进行说明。

◎ 尽量使用主动态（但是不要使用我或者我们之类的人称代词），有助于文字清晰、简洁和表达有力。

◎ 使用动词而不要使用动名词。

所以只要简洁、准确地将文意译出即可。

需要特殊考虑的是语态。英文摘要常用一般现在时、一般过去时，少用现在完成时、过去完成时，进行时态和其他复合时态几乎不用。

一般现在时：用于说明研究目的、叙述研究内容、描述结果、得出结论、提出建议或进行讨论等。

一般过去时：用于叙述研究方法、过去某一时刻（时段）的发现、某一研究过程。

现在完成时和过去完成时：完成时少用，但不是不用。现在完成时把过去发生的或过去已完成的事情与现在联系起来，而过去完成时可用来表示过去某一时间以前已经完成的事情，或在一个过去事情完成之前就已完成的另一过去行为。

英文摘要与中文摘要一样，也要包括问题、方法、结果、结论 4 个部分，各部分示例如下。

问题：

How does executive attentional control contribute to memory for sequences of visual objects, and what does this reveal about storage and processing in working memory?

There is no consensus as to why forgetting occurs in short-term memory tasks. In past work, we have shown that forgetting occurs with the passage of time, but there are 2 classes of theories that can explain this effect.

People consider alternative causes when deciding whether a cause is responsible for an effect（diagnostic inference）but appear to neglect them when deciding whether an effect will occur（predictive inference）.

方法：

Three experiments examined the impact of a concurrent executive load（backward counting）on memory for sequences of individually presented visual objects.

Experiments were conducted to test a modern exemplar-familiarity model on its ability to account for both short-term and long-term probe recognition within the same memory-search paradigm.

Four experiments examined the decontextualization of memories, the stage of learning in which memories can be recalled in the absence of episodic memory cues. Face–name pairs were studied with video-recorded environmental contexts in the background, and after 5 practice trials, recall of names associated with faces was tested in the absence of the original video context cues.

结果：

Experiments 1 and 2 found disruptive concurrent load effects of equivalent magnitude on memory for shapes, colors, and colored shape conjunctions（as measured by single-probe recognition）. These effects were present only for Items 1 and 2 in a 3-item sequence; the final item was always impervious to this disruption. This pattern of findings was precisely replicated in Experiment 3 when using a cued verbal recall measure of shape–color binding, with error analysis providing additional insights concerning attention-related loss of early-sequence items.

In the varied-mapping and all-new conditions, mean correct response times（RTs）and error proportions were curvilinear increasing functions of memory set size, with the RT results closely resembling ones from hybrid visual-memory search experiments reported by Wolfe（2012）. In the consistent-mapping condition, new-probe RTs were invariant with set size, whereas old-probe RTs increased slightly with increasing study–test lag. With appropriate choice of psychologically interpretable free parameters, the model accounted well for the complete set of results.

Experiment 1 showed that standard predictive queries are frequently interpreted as requests to estimate the likelihood of E given C alone. In Experiment 2, a causal Bayes network overestimated predictive inference when it was queried in the standard way, but this overestimation diminished when predictive inference was queried using an alternative wording. In Experiment 3, participants judged alternative causes to be relevant to diagnostic inference and both disablers and alternative causes to be relevant to predictive inference. In Experiment 4, disablers greatly overshadowed alternative causes in predictive judgments, but their impact on diagnostic judgments was negligible. In Experiment 5, the order of disabler retrieval influenced causal judgments.

结论：

Taken together, these results indicate that ...

We conclude that ...

The work provides support for the hypothesis that ...

The results show that ...

英文摘要也需要写作精练，但也有些期刊为了扩大国际影响，要求作者给出大英文摘要，如《心理学报》和《心理科学》，要求把摘要的 4 个成分写成 4 个自然段，以便让国外读者了解更详细的文章信息。

2.3.3 关键词

关键词是科技论文的文献检索标志，是表达文献主题概念的自然语言词汇。科技论文的关键词是从其题名、层次标题和正文中选出来的能反映论文主题概念的词或词组。避免选用一些外延较广的词作为关键词，如“方法”、“心理学”、“作用”等。关键词选用得是否恰当，关系到该文被检索的概率和该研究成果的利用率。

GB 7713−1987 规定：每篇报告、论文应选取 3~8 个词作为关键词，以显著的字符另起一行，排在摘要的下方。关键词一般应从《汉语主题词表》和各专业主题词表等词表中选用，心理学论文的关键词可以从心理学名词审定委员会审定的、科学出版社 2014 年出版的《心理学名词》中选用。未被词表收录的新科技重要名词、术语，也可以作为关键词使用。中、英文关键词应一一对应。

2.3.4 分类号

国外期刊一般没有文章分类号，但国内期刊都需要有分类号。

和关键词一样，分类号也是一种情报信息检索语言。《中国图书馆图书分类法》和《中国图书资料分类法》是最经常采用的分类标准。为了明确划分各个学科的各个领域，这两种分类法制定了一套代码系统，各学科的各领域都有相应的代码。分类号代码一般由字母和阿拉伯数字组成。

为了便于文献检索、存储和编制索引，发表的论文应尽可能按照《中国图书馆图书分类法》著录分类号。与心理学论文有关的分类号见附录A（P153）。一篇涉及多学科的论文，可以给出几个分类号，分类号之间用冒号（：）分隔，其中主分类号排在首位。分类号排印在“关键词”的下方。

2.4 前言

前言部分往往包括提出问题、说明研究背景、阐明研究目的和理论基础等3部分内容。

2.4.1 提出问题

在正文的开始部分用一段文字提出所要研究的具体问题并描述研究策略。在开始着手前言的写作时，要考虑：

◎ 研究的问题是什么？

◎ 假设和实验设计与研究的问题之间有什么关系？

◎ 该研究有何理论意义？该研究与所属领域以前的研究有何关系？

◎ 要解决什么理论问题？如何解决？

好的前言用一段或两段文字来回答这些问题，通过总结相关的论据和数据，清楚地告诉读者做了什么，为什么要做。

2.4.2 背景说明

提出问题后，需要对以前的相关文献进行讨论，但不要进行彻底的历史性回顾。对先前的研究工作进行学术性回顾能够展现适当的历史状况，也是对他人研究工作的认可。引用以前的相关研究工作并对以前的研究贡献予以认可是作者负有的学术责任的一部分，这对于一门学科的发展很重要。但在做历史性回顾时，应避免面面俱到、巨细无遗，要假定读者对写作的领域有一定的了解，不需要向他们做全面的解释说明。同时，应只引用和参考与具体问题相关的研究工作，不要引用和参考无关或只具有一般性意义的研究工作。如果需要对先前的研究工作进行总结，应避免无关紧要的细节描述，要强调相关的发现、相关的方法论问题和主要的结论。如果可能，让读者参考有关论题的综述。

论证以前的研究和现在的研究工作在逻辑上的联系。要在广泛的理论基础上清晰地提出问题，以便让专业领域内尽可能多的人了解它。不要受简练这一目的误导而写出只有专家才懂的论述。

应该公平地对待有争议的问题。与其进行广泛而没有定论的讨论，还不如简单叙述一些研究支持某一结论而另一些研究支持另一个结论。不管个人观点如何，在陈述一个争议性问题时，应避免敌意和带有个人偏向的陈述。不要引用一些与上下文无关的权威观点来支持个人的立场或证明自己的研究。

2.4.3 阐明目的和理论基础

提出了问题和说明了背景情况后，接下来就要说明具体的研究。在前言的最后一段，要定义变量并对假设做一个正式的说明，这些有助于增加论文的清晰度。在写前言的结束语时，要记住以下的问题：我打算控制什么变量？我期望得到什么结果？为什么我期望这样的结果？应该明确“为什么我期望它们”这个问题背后的逻辑，清楚地说明每一个假设的理论基础。

2.5 方法

方法部分详细描述研究是如何进行的。这样的描述能够让读者评估所采用的方法是否恰当、研究结果的信度和效度如何，使有兴趣的研究者可重复这个研究。

如果论文只是以前研究的继续，而且研究方法已经在已刊发的论文中详细地介绍过了，则可以告诉读者可参阅的资料，在方法说明中仅列出纲要即可。

2.5.1 确定层次标题

将方法这一部分分为带标题的层次，是一种惯用的便利做法。这些层次通常包括对被试、仪器（或材料）和程序的描述。如果实验设计较复杂或对刺激的描述要求较详细，可将层次再细分为更小的层次以确保读者找到具体的信息。至于决定使用何种层次标题，需要作者自己做出判断，应以读者能够理解和重复该研究为准。不够详细会使读者留下疑问，过于详尽会增加读者阅读无关信息的负担。

2.5.2 被试

就心理学的理论和实践而言，对被试作恰当的说明非常重要，特别是在不同的组间作比较、评估研究结果、归纳研究发现、比较重复研究、文献综述和分析二手数据时更是如此。对样本应该作足够的说明，并且样本应该具有代表性；如果不具有代表性，应该说明原因。结论和解释不能超出样本所能代表的总体的范围。

当被试是人时，应报告抽样和分组程序、被试的性别和年龄等主要人口统计学特征。当一个特定的人口统计学特征是一个实验变量或对于解释结果非常重要时，应具体描述这个组的特征，例如种族、国籍、教育水平、健康程度、母语等。说明每一个组被试的构成有利于读者判断结论的可靠性。

例如，“亚洲人的样本中包括30名中国人和45名越南人”或“在拉美裔美国人中，20人来自墨西哥，20人来自波多黎各”。即使人口统计学特征不是一个实验变量，对其作说明对后续分析也可能是有用的。

对于动物被试，应该报告它们的种类、编号或者其他的具体证明资料，例如提供者的姓名和地址及喂养地，列出动物的数量和动物的性征、年龄、重量和生理状况。另外，也要具体、详细地说明所有重要的情况，包括如何对待和处理它们等，以便他人能够成功地重复这项研究。

描述被试的总量及分派到每一个具体实验条件下的被试的具体数量。如果部分被试没有完成实验，应说明没有完成实验的被试的数量，并解释他们没有继续实验的原因。

2.5.3 实验设备

该部分简短描述实验过程中使用的实验设备或材料及其在实验过程中的功用。常用的实验器材，例如家具、秒表或屏幕，通常不需要进行详细描述。具体描述通过供应商获得的特殊设备，要说明设备的型号、供应商的名称和地点。复杂的或专门定做的设备可能要通过图纸或者照片进行描述，可以在附录中对复杂设备进行详细描述。

2.5.4 实验程序

该部分说明研究过程中的每一个步骤，包括对被试的指导语、分组情况、具体的实验操作，还应对实验设计中的随机化、平衡抵消和其他实验控制特点进行描述。除非指导语是非同寻常的或者其本身构成实验操作而需要逐字写出，否则只需对指导语做简要解释即可。大部分读者都熟悉标准的测验程序。除非使用了新的或者独特的程序，一般不需要对它们进行详细描述。

如果收集资料的过程中使用了外语，应该说明使用的语种。当将某种语言的测试工具翻译成另一种语言时，应该描述翻译的具体方法（例如：交换式翻译，即在交互式过程中，将一种语言翻译成另一种语言，然后又从另一种语言翻成原来的语言）。

应记住，方法这一部分应该足够详细地告诉读者做了什么和怎样做的，以便读者能够恰当地重复所进行的研究。

2.6 结果

对实验数据进行统计分析，并把结果报告出来，这是结果部分的任务。在结果部分中，首先简单说明主要的结果或发现，然后尽量详细地报告数据以验证结论。报告所有相关的结果，包括那些与假设相矛盾的结果。除非是个案设计或者单样本研究，一般不需要报告单个的被试数据或者原始数据。在这一部分讨论结果的潜在意义是不恰当的。

2.6.1 表格和插图

应选择能够清楚而又经济地说明数据的报告形式。表格能提供精确的数值，可以有效地说明主要结果。插图能够吸引读者的目光，最好地表现互动关系和整体的比较。但表格和插图都比文字书写要费时费事，所以它们主要是用于表述最重要的数据。在制作成本上，文字书写的成本最低，表格次之，插图的制作成本最高。

和文字说明相比，采用表格或插图来说明数据比较直观。例如，一个方差分析表可以使复杂的方差分析结果一目了然。但需注意，不要多处重复使用同样的数据；能够简单地用几句文字说明的数据不要用表格来表示。

当使用表格或插图时，要确定每一个表格或插图都在正文中有所提示，如“见表 1”、“见图 1”字样。所有的表格都称为表，所有的曲线图、图片或者示意图都称为图。表格和插图都用来辅助文字说明，它们本身不能完全传达信息。通常需要告诉读者表格和插图说明了什么，并且要作足够的说明以便于理解（有关表格和插图的详细要求参见本书 P33 3.2 和 P52 3.3）。

2.6.2 数据统计的呈现

研究中观测到的原始数据都是以一个个分散的数字形式出现的，要使这些没有多少实质性意义的原始数据能够反映所要研究的问题，必须进行统计处理。无论是用描述统计还是推论统计，都要在论文中报告相应的统计方法和统计结果。当报告推论统计的数据（如 t 检验、F 检验或 χ^2 检验）时，要包括实得量值或者检验值、自由度、概率及影响的方向等信息；还要报告描述统计的数据（如平均数或者中数）。报告平均数的同时，也要报告变异性的相关数据，如标准差、方差或均方差。要假设读者有一定的统计学知识。基本的假设就不必进行论证，如拒绝虚无假设。但是，如果对一个特殊检验的恰当性存在疑问，那么就应该对这种检验是否恰当作出判断（关于数据统计的表达，详细要求请参见本书 P62~78 3.4~3.8 和 P84 第 4 章）。

2.7 讨论

写完结果部分之后，就要对研究结果进行讨论。在讨论中，可以对研究结果进行评估，并解释研究结果的意义，特别是与初始假设有关的结果，也可以对结果进行推论。从理论上对有关结果进行讨论及所得结论的有效性是讨论部分的重点。当讨论相对简单，无须进行更深入的理论分析时，作者可以将这一部分与前面关于结果的那个部分合并在一起，就有了诸如“结果与结论”或者“结果与讨论”这样的部分。

在讨论的开始部分，应清楚地说明是支持还是不支持所提出的初始假设，还应说明研究结果与其他研究的异同，以及它们是如何证明结论的。但是，不要简单地重新组织说明或重复已经说明过的观点。每一个新的陈述都应有利于说明作者的立场，并有助于读者对问题的理解。可以对研究存在的缺点进行讨论，但不必详细讨论每一个缺点。应该接受而不是掩饰负面的结果。

讨论中应避免无谓的辩论以及琐碎无力的理论比较。只有当（A）理论被实验数据证实，（B）论点与实验数据或者理论有密切的逻辑关系，并且（C）表述简洁时，才可以进行推测并展开讨论。如有可能，还需指出研究有何理论意义和实践意义，有何改进，或提出新的研究问题，但是这些论述要简略。一般来说，应考虑以下 3 个问题：

◎ 我在本研究中做出了什么贡献？

◎ 我的研究对解决问题有何帮助？

◎ 从我的研究中可以得出什么结论和理论含义？

对这些问题的回答是作者所做贡献的核心，读者有权利得到清楚、明确而直接的答案。

2.8 参考文献

所谓参考文献，指为撰写或编辑论著而引用的有关期刊或图书资料。按规定，在各类型出版物中，凡是引用前人或他人的观点、数据和材料等，都要对它们在文中出现的地方予以标明，并在文末或书末列出参考文献表。这项工作叫做参考文献著录。

著录参考文献可以反映作者的科学态度，并使论著具有真实、广泛的科学依据，同时也反映了该论著的起点和深度。科学研究都有继承性，现时的研究都是在过去研究的基础上进行的，当前的研究成果或研究工作一般都是前人研究成果或研究工作的继续和发展。因此，在论著中涉及研究的背景、理由、目的等的阐述，必然要对过去的工作进行评介，著录参考文献即能表明言之有据。这在一定程度上为论著的审阅者、编者和读者评估论著的价值和水平提供了客观依据。

著录参考文献能方便地把论著作者的成果与前人的成果区别开来。论著论述的研究成果虽然是论著作者自己的，但在阐述和论证过程中免不了要引用前人的研究成果，包括观点、方法、数据和其他资料。若对引用部分加以标注，这不仅表明了论著作者对他人劳动的尊重，而且也避免了抄袭、剽窃他人成果的嫌疑。

著录参考文献能起索引作用。读者通过著录的参考文献，可方便地检索和查找有关的图书资料，以对该论著中的引文有更详尽的了解。

著录参考文献有利于节省论著篇幅。论著中需要表述的某些内容，凡已有文献所载者不必详述，只在适当的地方注明出处即可。这不仅精练了语言，节省了篇幅，而且避免了一般性表述和资料堆积，使论著容易达到篇幅短、内容精的要求。

著录参考文献有助于科技情报人员进行情报研究和文献计量学研究。

我国国家标准《信息与参考文献著录规则》（GB 7714-2015）规定采用“顺序编码制”和“著者-出版年制”。美国心理学会系列出版物采用著者-出版年制。我国心理学期刊近年来多改用著者-出版年制。有关著者-出版年制的详细要求参考第 5 章。

2.9 附录

附录是正文的补充部分，必要时才列出。有些论文需要对某些材料进行必要而详细的描述，但由于这些材料较为复杂或琐碎，放在正文中会割裂正文，分散读者对论文本身的注意力，那么就有必要把这些材料作为附录放在正文的后面。附录有两个作用：一是为读者提供更详细的信息，二是排版印刷时更加灵活。只有当附录有助于读者了解、评估或者重复这项研究时，才采用附录。

常见的附录包括数学证明、大型表格、词表、问卷或其他调查工具、计算机程序等。一篇论文可以有多个附录。如果只有一个附录，只用“附录”即可。如果有多个附录，则需有序号，按正文参照的顺序排序，如附录 A、附录 B 等。每个附录必须有题目。

和正文一样，一个附录必须有标题等级。附录中的表、图和公式的编号分别加上附录的序号，如表 A1、表 A2……，图 A1、A2……，与正文中的表、图、公式相区别。

附录编排在参考文献之后，英文摘要之前。

第 3 章

描述统计结果的表达规范

心理学研究中的原始数据经过统计处理得出结果后，需用恰当的呈现方式清楚、有效地把结果表达出来。主要呈现方式包括文本、表格及图像等，究竟选用哪种方式最为恰当，需要作者自己做出判断，但是也有表达的一般规范要求。遵循这些规范的要求，有利于读者快速地获取有关讯息，一目了然地了解资料传达的意义。本章将详细介绍结果的表图表达和文本表达过程中的数字、符号、公式表达的规范，供研究人员规范呈现研究结果时参考。

3.1 关于图表的一般性指导

3.1.1 选择有效的呈现方式

在选择有效的呈现方式时，要谨记表达的沟通功能。表达是要把大量的信息高效地展示给读者，使数据更好理解是一个基本原则。到底该选用文本、表格还是图像，APA 提供了一条经证明很有用的一般性规则，具体如下：

◎ 如果需要呈现 3 个或更少的数字，首先争取用一句话表达；

◎ 如果需要呈现 4~20 个数字，首先考虑用一个设计良好的表格表达；

◎ 如果需要呈现 20 个以上的数字，用图往往比用表格更为有用。

为让读者对数据的理解达到最佳，要精心选择呈现方式，对于那些允许读者进行入微了解的细节性资料，可以作为附录或在线补充材料，以利于表达的流畅和读者的理解。同样，文章中用多少图表，也应考虑这一点。一篇论文的图表不宜过多，应注意图表和文字的合理搭配。第一，图表过多会使读者摸不着头绪而丢失重要的信息；第二，图表过多会给排版增添困难，文字描述不时被表格分开给读者阅读带来不便；第三，图表排版比较复杂，相应增加了出版的费用。选择何种表达方式，要在上述原则基础上，依据具体情况而定，请看下例：

例 1：单因素方差分析结果，$F(1,136) = 4.86$，$MSE = 3.97$，$p = 0.029$，$\eta^2 = 0.03$，表明两组之间的差异是显著的。

例 2：在完成低、中、高 3 个难度水平任务时，年龄与难度交互作用的平均错误率（括号中为标准差）如下：青年被试为 0.05（0.08），0.05（0.07）和 0.11（0.10）；老年被试为 0.14（0.15），0.17（0.15）和 0.26（0.21）；95% 的置信区间依次为：青年被试 [0.02, 0.11]、[0.02, 0.10]、[0.07, 0.17]；老年被试 [0.08, 0.22]、[0.08, 0.28]、[0.15, 0.39]。

在例 1 中，用文字表达是恰当的，因为数据量比较少，读者可一目了然地、轻松地理解文字表达的意思。在例 2 中，由于数据较多，用文字表达使得读者较难看出数据的特点，这时如果用表格呈现可能更为简洁（例表 1）。

例表 1

表X　青年组与老年组在不同难度水平任务上的错误率

难度	青年组				老年组			
	n	*M*	*SD*	95% CI	*n*	*M*	*SD*	95% CI
低	12	0.05	0.08	[0.02, 0.11]	18	0.14	0.15	[0.08, 0.22]
中	15	0.05	0.07	[0.02, 0.10]	12	0.17	0.15	[0.08, 0.28]
高	16	0.11	0.10	[0.07, 0.17]	14	0.26	0.21	[0.15, 0.39]

资料来源：修改自 American Psychological Association. (2001). *Publication Manual of the American Psychological Association* (5th ed). (p.149). Washington DC.

3.1.2 图表编号与图表的引用

对于所有图表，不管在文中对其进行讨论的详细程度如何，都应当根据图表在文中第一次出现的顺序进行编号（即表序或图序）。编号都要用纯阿拉伯数字进行，不要带字母后缀，即要像“表 1”、“表 2”、“表 3”或者“图 1”、“图 2”和“图 3”这样编号，而不要像“表 5”、“表 5a”、“表 5b”这样编号。如果文稿中包含带有图表的附录，可用大写英语字母和阿拉伯数字一起编号（如“表 A1”，是附录 A 的第一个表格，或者是唯一附录即无需用字母编号的附录中的第一个表格；“图 C2”为附录 C 的第二个图）。

在正文中，引用图表时应注明图表的编号。例如：

> 正如表 8 所示，这些反应是由事先受过训练的孩子们提供的……
>
> 如图 3 所示，随着训练次数的增加……

在稿件中，在正文中引用图表时，不要用“见上表（图）或下表（图）”或“见第 7 页上的表（图）”的方式，因为，只有在论文完成排版之后才能确定图表在文章中的确切位置和页码。

3.2 表

表也称为表格，是记录数据或事物分类等的一种有效表达方式。由于表格具有简明、清晰、准确的特点，同时表格的逻辑性和对比性又很强，因而在科技书刊中被广泛采用。如果表格设计合理，不仅会使文章论述清楚，还可收到美化与节省版面的效果。

一般而言，同一篇文章中，两个或两个以上的表中不宜出现完全相同的数据。为了便于比较，在同一篇文章中所提供的表格应尽量保持一致，即用相似的格式、标题及栏目，并且自始至终使用同一术语。

3.2.1 表的结构与布局

有些数据表有某种标准（典型）形式，使用标准形式有利于读者寻找表中的信息。有些情况下，作者为了突显某个具体的点或强调某一种关系，也可使用非标准表格，但一定要注意确保标签是非常清楚的，确保读者不会误解而是清晰理解的。

表的结构包括表序、表题、项目栏、表体和表注。所有表的布局应该符合逻辑，容易理解；要比较的条目在表中应该挨在一起。一般情况下应遵循这条原则：不同的统计指标，如均值、标准差、样本大小等，应该分开放在表格中的不同部分或不同行；要把变量标签、条件标签和相应取值紧密地放在一起，以便于比较。例表 2 图解了表的结构和布局的基本原则。

例表 2

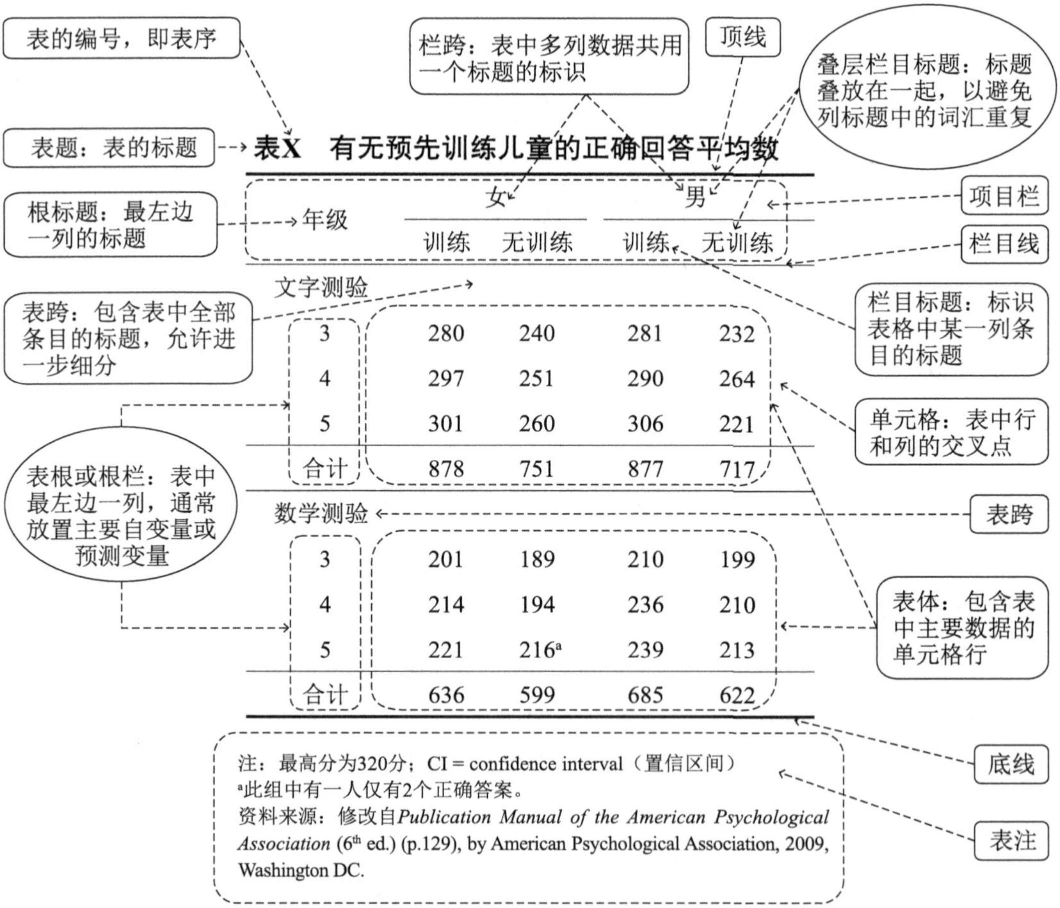

表X　有无预先训练儿童的正确回答平均数

年级	女		男	
	训练	无训练	训练	无训练
文字测验				
3	280	240	281	232
4	297	251	290	264
5	301	260	306	221
合计	878	751	877	717
数学测验				
3	201	189	210	199
4	214	194	236	210
5	221	216[a]	239	213
合计	636	599	685	622

注：最高分为320分；CI = confidence interval（置信区间）
[a]此组中有一人仅有2个正确答案。
资料来源：修改自*Publication Manual of the American Psychological Association* (6th ed.) (p.129), by American Psychological Association, 2009, Washington DC.

1．表题

表题即表格的标题。与文章的标题类似，表题应当准确得体，简短精练，使人一望可知该表的内容。要避免使用泛指性的词语做表题，如“数据表”、“对比表”、“计算结果”等。例如：

过于简单的表题：专业与成绩的关系（没有清楚地指出表格中列出的数据是什么）

过于繁琐的表题：心理学、物理学、英语、工程专业的学生在测验 A、B、C 中的平均成绩（重复了栏目中的信息）。

好的表题：不同专业大学生的平均成绩

出现于栏目或表体中的缩写，在表题中可以用括号的形式标注于它所代表的词后面。例如：实验 2 中的命中率（*H*）与虚报率（*FA*）。

需要更长解释或与标题不太相关的缩写，可在表注中注明，但不要在表注中重复标题。

每个表都必须有表序和表题。表序和表题置于表格之上（靠表格左边对齐）。表题总体长度不宜超过表格的宽度，若表题字数太多，则应转行排。

2．项目栏

项目栏指表格顶线与栏目线之间的部分。项目栏中一般要放置多个“栏目”。所谓栏目标题，就是该栏的名称，它反映了该栏信息的特征或属性。一个表格应当能把相关的数据归类，以使读者能够进行比较。数据构成了表体，栏目则确立了数据组织的逻辑，并确定了栏目下数据栏的性质。与表题一样，栏目标题也应当简单明了，不要过于繁琐、冗长。例如：

不好的栏目标题	较好的栏目标题
年级水平	年级
3	3
4	4
5	5

在栏目标题中可以用标准的缩写或符号来代表非专业性术语（如：用 no. 来代表序号，用 % 代表百分号）和统计量（如：*M*，*SD* 和 χ^2）而不必作解释。其他专业术语，各分组的组名等的缩写则必须在表注中加以说明。

表格的每一栏均应有栏目标题。表格最左侧的栏目（stub column，称为“根栏”）通常列出主要自变量。如例表 3 中，最左侧的栏目列出各分组。

例表 3

表X　语音相似性条件下的不同情境下的反应时（ms）和错误率

任务类型	简单情境		混合情境	
	反应时	错误率	反应时	错误率
字母分类任务	778（173）	3.7（6）	1082（193）	4.3（6）
粤语命名任务	963（184）	3.7（6）	1207（154）	6.6（7）

注：括号内为标准差

资料来源：刘晓瑜，何朝丹，陈俊，邓沁丽. (2015). 熟练粤-普双言者的双言认知控制机制——来自双任务切换范式的行为研究证据. *心理学报*, *47*, 439-454.

应尽量减少栏目中再分栏目的数目，能紧缩的尽量紧缩。这样既减少了栏目数，又使读者易于理解。同时减少栏目数也简化了排版工作。例如：

不好的栏目

性别	预先训练
女	有
	无
男	有
	无

较好的栏目

预先训练
女
有
无
男
有
无

栏目标题用于限定其下面的各列数据，而不是对侧方的栏目进行解释。栏目标题一般位于表体之上，定义每列数据。一个栏目仅说明其下面一栏的数据，而栏跨则可以说明两栏以上的数据。按照这种方式构建的栏目，叫叠层栏目（例表 2）。运用叠层栏目可以避免栏目中某些词语的重复，但应尽

量避免用两层以上的叠层栏目。例如：

不正确的栏目	词语重复的栏目	正确的栏目
颞叶：左侧　右侧	左侧　右侧	颞　叶
	颞叶　颞叶	左侧　右侧

少数表格需要在表体中列出表体分类标目（table spanners，称为“表跨”）。这些表跨应与表体同宽，可以在表格中列出更多的分类（例表 2）。另外，若两个表格具有相似的栏目，用分类栏目形式把两者合二为一。同栏中的所有元素在文法和概念上应具有可比性，所有数据都应当符合栏目所限定的条件。例如：

不平行	平行
疾　病	疾　病
功能性精神病患者	功能性精神病
过量饮酒	酒精中毒
人格障碍	人格障碍

栏目中的数字序号一般仅出现在相关矩阵表格中，以数字代替文字的说明，避免重复（例表 4）。

例表 4：样本相关性表格

表X　各变量均值、标准差与相关系数

变量	*M*	*SD*	1	2	3	4	5	6
1. 工作要求	3.96	0.62	1					
2. 工作资源	3.82	0.69	0.04	1				
3. 工作-家庭冲突	3.65	1.06	0.36**	−0.26**	1			
4. 工作-家庭促进	3.48	0.88	0.02	0.49**	−0.33**	1		
5. 情绪幸福	0.67	6.25	−0.12**	0.49**	−0.39**	0.40**	1	
6. 生活评价幸福	3.32	1.03	0.04	0.42**	−0.19**	0.37**	0.39**	1

注：$n = 834$; ** $p < 0.01$, *$p < 0.05$

资料来源：李爱梅，王笑天，熊冠星，李斌，凌文辁 . (2015). 工作影响员工幸福体验的“双路径模型”探讨 —— 基于工作要求-资源模型的视角 . *心理学报*, *47*, 624-636.

3．表体

底线以上、栏目线以下的部分叫做表体，它容纳了表格内的大部分或绝大部分信息，是表格的主体。

1）表体内的数字一般不带单位，百分数也不带百分号（%），应把单位符号和百分号等归并在栏目中。如果表格内全部栏目中的单位都相同，则可把共同的单位提出来标示在表格顶线上方的右端（右缩 1 个汉字的空格，不加“单位”二字）；也可括注于表题后，但字体不能与表题相同。例如：

表 X　不同组青少年在认知作业中的反应时（ms）和正确率（%）

2）表体中同一栏各行的数据一般都处在共同的栏目下，应以个数位（或小数点）或者以“~”等符号为准上下对齐，而且有效位数应相同。

3）上下左右相邻栏内的文字或数字相同时，应重复写出，不可使用“同上”、“同左”等字样或“〃”符号代替。

4）表体中无数字的栏内，应区别对待，不能轻易写“0”或画“—”线等填空。GB 7713-1987 规定：“表内‘空白’代表未测或无此项，‘—’或‘…’代表未发现，‘0’代表实测结果为零。”

5）简明性。有一些数据很容易根据其他栏的数据推算出来，那么设立这样的栏目就是多余的。例表 5 中，根据讨论内容的重要性，只需要列出每次的反应数和总反应数即可，平均反应数不必列出，因为它极容易推算出来。

例表 5：这样的表就不简明

表X　两次测试中被试的反应次数

被试	反应次数			
	第一次测试	第二次测试	总和	均数
1	5	7	12	6
2	6	8	14	7

6）表中的置信区间。如果表中包括了点估计，例如平均值、相关系数或回归中的斜率等，如果有可能，那就要包括置信区间。可以像文本中那样

用方括号提供置信区间（例表 1），也可以像例表 6 那样专门设上、下限栏。在每一个包括置信区间的表中，都要说明具体的置信水平，如 95%，通常在同一篇论文中最好用同一个置信水平。

例表 6：包含上、下限置信区间的样表

表X　字母和数字刺激的距离估计（cm）

条件	*M*	*SD*	95%　CI	
			LL	UL
字母	14.5	28.6	5.4	23.6
数字	31.8	33.2	21.2	42.4

注：CI = confidence interval（置信区间）；LL = lower limit（下限），UL = upper limit（上限）。

4．表注

表格中的内容尽管已经比较丰富，但由于格式规整，表达简练，格式化要求很高，因此，表格中的某些内容就常常需要注释、补充，有时整个表格也需要做整体说明。此时就可采用表注（置于表下方的注释性或说明性文字）进行补充解释。

（1）表注的类型

表注一般有三种类型：一般性表注、特殊性表注、概率值表注。

①一般性表注

该表注一般是先对表格进行整体的描述，说明并提供相关的信息。再对表中的缩写符号等进行解释，一般注解的格式为“注：……（文字说明）”。应用“注”标明，用一冒号与后面的文字隔开。例如：

注：不显著的三因素交互作用结果省略，M 为匹配过程，N 为非匹配过程。

②特殊性表注

该表注用于对某一特殊的列、行或个别项目进行说明。需特殊注解的部分，用小写的上标英语字母来标识。在栏目标题和表体中小写字母的标注，一般按从左至右的顺序用 a，b，c 依次注明（例表 2）。

无论是一般性表注还是特殊性表注，均无通用性，只适用于所标注的表格，与其他表格无关。

③概率值表注

这是用来注明检验结果的统计学显著性的表注。对于统计显著性检验结果，无论是在文本中还是在表格中，都应报告确切的概率值，要精确到小数点后两到三位（例如：$p = 0.024$，而不是 $p < 0.05$）。如果在坚持用报告确切概率值会导致报告格式杂乱、不整齐（例如，相关系数矩阵）的情况下，那么就再选择用 $p <$ 的格式报告。值得注意的是，在文本讨论中，不管用的是哪种报告方式，都要用确切概率值；只有在表中某具体数据有要求时，才可能使用 $p <$ 格式的概率值注。

使用 $p <$ 格式时，“*”表示 p 的取值范围：$^{*}p < 0.05$, $^{**}p < 0.01$, $^{***}p < 0.001$。不要用小于 $^{***}p < 0.001$ 的任何值，各表之间要用相同个数的“*”表示相同的意思。

有时，在同一张表中需要区别单侧或双侧检验，这时一般采用“*”标注双侧检验，用别的符号（如 †）来标注单侧检验。例如：

$^{*}p < 0.05$，双侧；$^{**}p < 0.01$，双侧；$^{\dagger}p < 0.05$，单侧；$^{\dagger\dagger}p < 0.01$，单侧。

（2）表注的顺序

表注的顺序一般为：一般性表注、特殊性表注、概率值表注。三种表注均位于表下，每一种表注都从新一行靠表格左对齐开始，同一类表注之间不用另起行。例如：

注：被试在韦氏儿童智力测验中操作量表的得分。

$^{a}n = 25$，$^{b}n = 42$。

$^{*}p < 0.05$，$^{**}p < 0.01$。

有时文中的表格来自于其他文献中的资料，或者是在其他文献资料基础上修改而成的，此时必须注明“资料来源”。“资料来源：（修改自）”属于特殊性标注，一般放置在概率值表注之前的新一行。如果有一般性表注或特殊性表注，“资料来源”作为特殊性表注，直接以“修改自”或“来自”开头标识；如果没有一般性表注和其他的特殊性表注，则以“资料来源：”形式进行标识，常见格式如下。

格式 A（来自**期刊文章**）：

资料来源：作者 .（年代）. 文章名称 . 期刊名称 , 卷期号 , 页码 .

资料来源：“Title of Article” by A. A. Author, year, Title of Journal, xx（xx）, p. xx.

格式 B（来自**书籍类**）：

资料来源：作者 .（年代）. 书名（页码）. 出版地：出版商 .

资料来源：Title of Book（ p. xxx ）, by A. A. Author, year, Place: Publisher.

（3）表注的用途

表注可以减少表体的重复。当某些类型信息，既可在表体中列出，又可在表注中列出时，需考虑到如何才能清楚有效地组织数据，以使读者注意到数据的重要性。因而，当 p 值或样本量等有较多的不同值时，一般是新建一栏，而不是用表注；如果行或列的数据都相同时，则可使用表注。

例如：

这样较差

分组	n
焦虑	15
抑郁	15
对照	15

这样较好

分组[a]
焦虑
抑郁
对照

注：$^{a}n = 15$

3.2.2 表与文本之间的关系

一个有价值的图表是对文字的补充，不是对文字的重复。每一个图表都要有简要的文字说明，告诉读者去看什么，但只对图表的重要部分作文字描述。

切忌对图表每一部分都加以描述，因为列表已经说明了它存在的必要性。

每一个表格都是文章整体的一部分。表格应具有自明性，不用看文字说明也能看懂。对所有的缩写（除 *M*，*SD* 和 *df* 等统计符号外）及下划线、破折号、括号等的使用均应予以解释，并有明确的测量单位。例如，例表 7 中，如果没有表注，表中的数字含义是不清晰的。

例表 7：加了表注，使表格具有了自明性

表X　新训练方法184人中、远距离投篮达标人数

中距离	远距离		合计
	达标	未达标	
达标	16	36	52
未达标	56	76	132
合计	72	112	184

注：10 投 6 中以上为达标，低于 6 中为未达标。

3.2.3　表中线条的使用

要严格限制表中线条的使用，以满足清晰所必需的线条数为宜。

在表中，适当的空白比线条效果更好。例如，如果每隔四五行加上一些空白，比没有被打断的、长的数据或文字就更容易阅读。

在表中的各栏之间和各行之间都要用空白隔开，并严格排布，以清楚显示表中的各种关系。

文稿中，表既可用单倍行距，也可以用双倍行距，选择时，主要考虑审稿过程中表格的可读性问题。

一般而言，表通常有顶线、底线和栏目线 3 条线，其中顶线和底线为粗线，排版时俗称“反线”；栏目线为细线，排版时俗称“正线”，因此论文中的表格常称为“三线表”。

三线表并不一定只有 3 条线，必要时可加辅助线，但是一般不会加竖线。

3.2.4 常用表示例

1. 双样本相关系数样表

为了展现相同的变量在不同的两个样本组的相关系数情况，进一步比较变量间的相关在不同组的相关的形式与强度，同时也为了节约文章篇幅，可把两个样本的相关系数放在同一张表中呈现。在这个表中，对角线以下是一个样本的相关系数，对角线以上是另一个样本的相关系数，在表注中应该清楚地说明各是哪个样本（例表 8）。

例表 8：双样本相关系数表

表X　5个解释变量在不同样本组的相关系数

变量	1	2	3	4	5	*M*	*SD*
1.领导效能	—	0.83*	0.54*	0.61*	0.76*	1.31	4.32
2.组织理念	0.76*	—	0.49*	0.82*	0.75*	2.24	1.07
3.团队运作	0.55*	0.53*	—	0.38	0.56*	16.25	4.37
4.学习成长	0.71*	0.73*	0.58*	—	0.75*	4.89	3.54
5.工作条件	0.70*	0.70*	0.51*	0.67**	—	1.27	0.98
M	1.50	9.47	24.69	34.33	25.57		
SD	3.84	7.56	12.44	12.60	7.61		

注：对角线上为组织层次的变量间相关系数 ($n = 22$)，对角线下为个人层次的变量间相关数 ($n = 688$)。

* $p < 0.05$，** $p < 0.01$

资料来源：修改自邱皓政，温福星. (2007). 脉络效果的阶层线性模型分析：以学校组织创新气氛与教师创意表现为例. *教育与心理研究*, *30*(1), 17.

2. t 检验分析表

两个样本（包括独立样本、相关样本）的若干个变量均值差异显著性检验，为了清晰地比较各变量的显著性情况，可汇总列表。在表中应报告变量的两个样本均值、标准差、均值之差的置信区间、t 值、p 值，以及效果量大小（Cohen's d）等（例表 9）。

例表 9：*t* 检验分析表

表X　工作倦怠比较表

变量	第一次		第二次		*t* (34)	*p*	95% CI		Cohen's *d*
	M	*SD*	*M*	*SD*			LL	UL	
工作量	2.79	0.89	2.61	0.66	1.61	0.12	−0.06	0.42	0.72
控制	3.60	0.83	3.31	1.18	1.91	0.06	−0.05	0.38	0.85
奖赏	3.85	0.82	3.26	0.62	1.88	0.10	−0.08	0.70	0.75

注：CI = 置信区间；LL = 下限；UL = 上限。

资料来源：修改自 "Early Predictors of Job Burnout and Engagement" by C. Maslach and M. Leiter, 2008, *Journal of Applied Psychology*, *93*, p.509.

3. 方差分析表

在报告研究结果时，对于较复杂的方差分析（ANOVA）（如多因素方差分析）一般会采用方差分析表的形式。一般来说，方差分析表的最左边栏目列出变异来源，第二栏为自由度，第三栏为均方（有时可省略），第四栏是 *F* 值，然后是 η 值和 *p* 值（例表 10）。在变异来源中，通常是先列出组间，后列出组内，如有必要，还要列出误差项。没有必要将平方和与均方都列出。有显著统计学意义的 *F* 值用星号（*）标明，星号表示的显著水平（*p* 值）在表注中注明，当然更好的做法是在 *F* 值右边增加一列，列出 *F* 值对应的确切的 *p* 值。

例表 10：方差分析表

表X　不同教学方法和不同教学态度对儿童识字量的作用

变异来源	*df*	*F*	η	*p*
组间				
焦虑（A）	2	0.76	0.22	0.28
电击（S）	1	0.01	0.02	0.92
A×S	2	0.18	0.11	0.84
S within-group error	30	（16.48）		

续表

变异来源	*df*	*F*	η	*p*
组内				
阻碍（B）	4	3.27**	0.31	0.01
B×A	8	0.93	0.24	0.49
B×S	4	2.64*	0.28	0.04
B×A×S	8	0.58	0.19	0.79
B×S within-group error	120	（1.31）		

注：括号内数字为均方误差。S = subjects。

*$p < 0.05$, ** $p < 0.01$。

资料来源：修改自“The relation of Drive to Finger-Withdraw conditioning” by M. F. Elias, 1965, *Journal of Experimental Psychology*, *70*, p.114.

4. 回归分析表

非标准回归系数（B，这是希腊字母，而非英文字母）和标准回归系数（β）要同时列出。如果研究是纯应用性的，则只需列出非标准回归系数（B）；如果是纯理论性的，则列出标准回归系数（β）即可。如果是层次回归或其他连续性回归，还应提供变化的增减幅度（例表 11）。

例表 11：回归分析样表

表X　对道德行为自我报告的预测

变量	道德行为自我报告		
	Model 1 B	Model 2	
		B	95% CI
常数	3.192**	2.99**	[2.37, 3.62]
性别	0.18**	0.17	[−0.00, 0.33]
年龄	−0.06	−0.05	[−0.14, 0.03]
社会愿望偏差	−0.08**	−0.08**	[−0.10, −0.05]
道德认同内化	−0.17**	−0.16**	[−0.26, −0.06]
道德身份象征	0.07*	0.06	[−0.01, 0.12]
知觉的道德注意		0.07*	[0.00, 0.13]

续表

变量	道德行为自我报告		
	Model 1 B	Model 2	
		B	95% CI
反思的道德注意		−0.01	[−0.08, 0.06]
R^2	0.29	0.31	
F	19.07**	14.46**	
ΔR^2		0.01	
ΔF		2.39	

注：$n = 242$。CI = confidence interval（置信区间）。

*$p < 0.05$，**$p < 0.01$，***$p < 0.001$。

资料来源：修改自 “Moral Attentiveness: Who Pays Attention to the Moral Aspects of Life?” by S. J. Reynolds, 2008, *Journal of Applied Psychology*, *93*, p. 1035。

5. 模型比较表

模型比较涉及的变量、统计量较多，如果用表格汇总关键的变量、统计量，可利于读者对比、理解。在这些表中，要务必清楚地标识出所有竞争的模型，务必清楚地说明所做的比较（例表 12、例表 13）。

例表 12：模型比较表

表X　各模型拟合度比较表

模型	χ^2	*df*	RMSEA	NNFI	CFI	SRMR
模型一：单因素模型	2914.87	35	0.32	0.39	0.52	0.22
模型二：两因素模型	1699.68	34	0.25	0.56	0.67	0.16
模型三：三因素模型	86.75	32	0.046	0.99	0.99	0.02
模型四：四因素模型	1533.16	29	0.25	0.52	0.69	0.12
模型五：高级模阶一	1700.50	33	0.25	0.54	0.67	0.67
模型六：高阶模型二	86.75	32	0.046	0.99	0.99	0.02
模型七：高阶模型三	2513.22	31	0.32	0.17	0.43	0.43

注：模型五、六、七分别是在模型二、三、四的基础上加入一个高阶因子的模型。

资料来源：修改自 邱皓政，林碧芳 . (2009). *结构方程模型的原理与应用* (187). 北京：中国轻工业出版社 .

例表 13：多水平模型比较表

表X　完整模型与其他模型的比较

	零模型	协方差模型	随机系数模型	情境模型	完整模型
固定效应					
学校平均创意得分（β_0）					
截距项（γ_{00}）	6.825*** （0.112）	6.825*** （0.091）	6.776*** （0.098）	6.827*** （0.089）	6.727*** （0.100）
学校领导效能（γ_{01}）				0.210 （0.223	0.314 （0.244）
领导效能斜率模型（β_1）					
截距项（γ_{10}）		0.476*** （0.058）	0.467*** （0.078）	0.461*** （0.060）	0.500*** （0.068）
学校领导效能（γ_{11}）					0.523** （0.016）
随机效应					
第二层：校间					
学校平均（τ_{00}）	0.197***	0.111***	0.139***	0.105***	0.139***
领导效能斜率（τ_{11}）			0.060*		0.018
第一层：校内（σ^2）	2.036	1.866	1.851	1.868	1.810
离异数（－2LL）	2263.988	2207.013	2200.647	2205.458	2194.781

注：括号内为标准误。

$*p < 0.05$, $**p < 0.01$, $***p < 0.001$

资料来源：修改自　温福星 .(2009). *阶层线性模型的原理与应用* (350). 北京：中国轻工业出版社 .

6. 文字表

一般的表所列的是定量数据，而文字表则主要是由文字组成（例表 14），主要提供定性比较或描述性信息。例如，一个文字表可以使读者在一篇综述性的文章中比较各种研究的特点，亦可列出一个调查表的问题和答案，或列出一种理论的诸要素。文字表格是讨论的概括，但不是讨论的重复。

文字表格同其他表格一样，包括表序、表题、项目栏、表注及线条等要素。栏目的内容应简短，尽量不要越线，各部位之间保留双倍行距。

例表 14：文字样表

表X　常用短程精神分析疗法的特点

名称	疗程（次）	治疗问题	特色及注意事项
Malan's 简易心理治疗	20~40	有特殊生活问题的病人	可以出现人格的变化
Davanloo's 限时动力学心理治疗	15~30	Oedipal 问题 *；神经症问题；强迫和恐怖性神经症；长期存在的人格问题	"高度面对处理"在难治病人中可考虑应用；但对有明显依赖或有分离问题的病人不予考虑
Sifneas's 短程焦虑诱导心理治疗	12~15	Oedipal"三角"人际问题	避免病人退缩到性器官前期的人格问题；改变对 Oedipal 问题解释的归因
Strupp's 短程动力学心理治疗	<25	与抑郁、焦虑和不满有关的回避、依赖、强迫和被动－攻击性人格障碍	注重人际方面的问题：在"此时此地"的基础上使用移情
Laborsky's 支持－表达治疗	15~25	从环境适应不良到边缘性精神病人的各种问题	技术灵活多变，从而使得更多的病人通过治疗得到改善

注：* Oedipal 问题：在短程精神动力学心理治疗中，主要指病人焦点冲突产生的渊源，即童年期心理发育阶段的创伤体验 (Oedipal 情结)。与长短精神动力学心理治疗或精神分析中所述不完全一样。

资料来源：修改自　季建林 .(1996). 短程精神动力学心理治疗 . *中国临床心理学杂志*, *4*(4)：243.

7. 路径分析表

路径分析涉及直接效应、间接效应、总效应，特别是后二者，在路径分析图中不能直接读出，规范地列表报告出来有利于读者了解相关信息（例表 15）。

例表 15：路径分析表

表X　路径分析各项效应分解说明

自变量		因变量（内生变量）			
		*Y*2组织承诺		*Y*1员工绩效	
		标准化效应	*t*值	标准化效应	*t*值
外源变量	*X*1组织价值				
	直接效应	0.22	3.63***	—	—

续表

自变量		因变量（内生变量）			
		Y2组织承诺		Y1员工绩效	
		标准化效应	t值	标准化效应	t值
	间接效应	—	—	0.09	3.31***
	总效应	0.22	3.63***	0.09	3.31***
	X2工作方式				
	直接效应	0.14	2.37**	—	—
	间接效应	—	—	0.06	2.28*
	总效应	0.14	2.37**	0.06	2.28*
	X3团队合作				
	直接效应	0.06	0.88	—*	—
	间接效应	—	—	0.02	0.88
	总效应	0.06	0.88	0.02	0.88
	X4领导风格				
	直接效应	0.05	0.90	—	—
	间接效应	—	—	0.09	0.90
	总效应	0.05	0.90	0.09	0.90
	X5学习成长				
	直接效应	0.20	3.11**	—	—
	间接效应	—	—	0.07	2.90**
	总效应	0.20	3.11**	0.07	2.90**
	X6环境气氛				
	直接效应	0.15	2.56*	—	—
	间接效应	—	—	0.05	2.44**
	总效应	0.15	2.56*	0.05	2.44**
	X7年资				
	直接效应	0.13	2.74**	0.16	2.89**
	间接效应	—	—	0.05	2.59**
	总效应	0.13	2.56*	0.21	3.72***
内生变量	Y1组织承诺				
	直接效应			0.43	7.99***
	间接效应			—	—
	总效应			0.43	7.99***

注：$^{*}p < 0.05$, $^{**}p < 0.01$, $^{***}p < 0.001$

资料来源：修改自 邱皓政，林碧芳 .(2009). *结构方程模型的原理与应用* (238). 北京：中国轻工业出版社 .

3.2.5 表的特殊处理技术

一个表格应尽量保持形体完整，没有特殊需要，不要分割为两个或更多部分。表格的编排一般应随文列出，尽量紧接在第 1 次提到它的文字段后面，并编排在同一页码上，以便于阅读。因此，有时需要对表格做特殊技术处理。

1. 横表分段

当表格横向项目过多而竖向项目较少时，可把表格从宽度方向切断，然后转排成上下叠置的 2 段或多段，段与段之间用双细线分隔开，每段的竖向栏目应重复排出。如例表 16。

例表 16：横表分段

表X 《心理学报》历年被引论文篇数

年份	1980	1981	1982	1983	1984	1985	1986	1987
被引论文篇数	8	10	17	26	17	27	32	33
年份	1988	1989	1990	1991	1992	1993	1994	1995
被引论文篇数	26	35	30	37	31	24	29	28

2. 竖表转栏

当表格竖向项目过多而横向项目较少时，可把表格从长度方向切断，然后平行转排成 2 幅或多幅，幅与幅之间用双细线分隔开，每幅的横向栏目应当重复排出。如例表 17。

例表 17：竖表转栏

表X 《心理学报》被引论文年代分布

论文发表年代	被引论文篇数	被引次数	论文发表年代	被引论文篇数	被引次数
1990	30	76	1994	29	76
1991	37	86	1995	28	52
1992	31	61	1996	25	36
1993	24	44	1997	23	38

表格的核查清单

下面的核查清单能够帮助作者确保表格中数据的展示效果，确保展示格式符合规则：

◎ 论文中所有的表格都是必要的吗？

◎ 该表是属于印刷版文章吗？或该表能放入在线补充材料档案库吗？

◎ 稿件中所有性质相同表格的格式都一致吗？

◎ 所有的表格都有表题吗？表题的表述简明扼要吗？

◎ 每列的栏目是否都有栏目标题吗？

◎ 所有缩写、斜体的特殊用法、括号、斜体、破折号、粗体和特殊符号都有解释吗？

◎ 注解是否按照一般性注解、特殊性注解、概率值注解的顺序书写？

◎ 表格都是三线表的形式吗？所有的竖线删除了吗？

◎ 所有点估计值的置信区间都报告了吗？置信水平（如 95%）说明了吗？所有表格和整篇论文用的是同一个置信水平吗？

◎ 如果用了统计显著性检验，正确报告概率值了吗？在不便报告确切概率值时，是否正确标注了“*”号？各个表格中具有相同数目“*”号的 p 值是否相同？

◎ 所有的表格在正文的相应位置处都有参照标志吗？

3．卧排表

指按正常阅读方向（纵向）顺时针旋转 90° 进行阅读的表格。如果一个表格宽度超过版心且长度小于版心，则可考虑选用卧排表。卧排表的正确方位是“顶左底右”，即表的顶端靠近装订线。

4．续表

如果一个表太大，在一面排不下时，可以采用续表的形式排版。办法是在该表出现的页上选合适的行线处断开，用细线封底，并在细线下面的右下角注明“（续下页）”；而在次页上重排表头，以便于阅读，并在表头上方居中加注“续表”字样，表序和表题可以省略。

3.3 图

虽然文字是文稿表述的主要手段，但作为重要的表述手段，图不仅可以使某些内容的叙述更加直观、简明和清晰，而且具有活跃和美化版面的功能，使读者在阅读时赏心悦目，调剂精神，取得提高阅读兴趣的效果。尤其是在描述变量间的相互作用或非线性关系时，用插图来表达是非常有效的。但是，插图也有其自身的缺点，如制作成本高；数据的表达没有表格那么准确，有时还需要读者去估计等。因此，在使用图时必须考虑一些基本原则。

3.3.1 图的使用和制作原则

图的种类不少，但在文章中使用和制作图有一些通用的原则可以参考：

1）**价值性**。这是指在文中使用某个图，该图对于它将出现在其中的论文上下文而言，是有信息价值的。如果与文字材料重复，或者说不能对理解论文增加实质性的信息，那么这张图就没有必要；如果能够补充说明文字材料或者能够缩短讨论的长度，那么这张图就是呈现信息的有效方式，就是有必要的。

2）**必需性**。这是指文中使用的图是沟通该信息的最好方式，沟通该信息的必须是该图才有最好的效果。在进行表达时，图并不是任何时候都是最佳的方式，例如在某些情况下（特别是要传递的信息是数量信息时），表可能比图更加精确，那么这时就不必用图进行表达了。

3）**聚焦性**。这是指使用的图能让读者阅读时聚焦于图的信息价值上。使用和制作图要充分考虑，以什么样的方式制作图才可以捕获所期望的信息特征，而不会在视觉上造成细节分心。如果图的呈现形式上干扰了人们获取图的信息价值，那么就是“舍本逐末”了。

3.3.2 好图的标准

一幅好图应该简明、扼要、易懂、有价值。具体可概括为如下特点：

◎ 补充而不是重复文本的描述；

◎ 描述不可或缺的事实；

◎ 简明，省略不必要的或分散注意的细节；

◎ 容易理解，目的明确，具有自明性；

◎ 清楚，图的要素（类型、线条、符号、文字等）要让人很容易看清楚；

◎ 在同一篇文章中，同类性质的图要有一致性，即字体字号、主辅线条粗细、单位符号等要一致。

同时，对于所有各类的图，要确使：

◎ 线条光滑、分明；

◎ 字体简单（sans serif 体）、易读；

◎ 数值带有单位；

◎ 坐标轴标签清楚；

◎ 表中各元素都有标签和说明。

3.3.3 图的种类

用于展示研究结果的图的种类很多，有时选用哪种图是显而易见的，有时却不那么容易。清楚了解图的种类，有利于研究者选用恰当的图来展示研究结果。常用的图类有：①坐标图，是用来展示两个量化指标之间或一个连续变量（通常用 y 轴表示）和各组被试之间关系的典型方法。②结构图，用于描述操作过程的步骤之间、小组内各部分之间的关系。③示意图，一般用来展示像过程中被试流动这样的非量化的信息，如流程图。④地图，一般用来展示空间关系。⑤素描图，以图画的形式展示信息。⑥照片，包含的是信息的直观视觉表现。

1. 坐标图的类别与示例

根据显示一系列数据的关系，如数据间的比较和分布等，心理学期刊中的坐标图主要有以下几类。

（1）线形图

线形图用于表示两个变量之间的关系。自变量标在横（*x*）轴上，因变量标在纵（*y*）轴上（例图 1）。轴上的刻度是测量的尺度，他们可以是线性的（以相同的比例增加，如 25、30、35），也可以是对数形式。

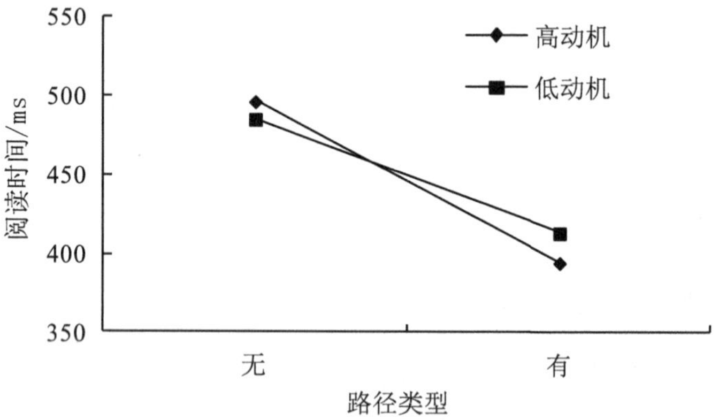

图X　目的地词语平均阅读时间

资料来源：张积家，汪新筱，和秀梅 . (2015). 主人公的动机水平对句子理解中心理模拟的影响 . *心理学报*，*47*, 1247–1259.

例图1　线形图的图样

线形图要求：

◎ 线条清晰简洁；

◎ 图中的文字、标值应易于辨认；

◎ 坐标轴旁的标目中应包含测量单位；

◎ 图例包含在图区内；

◎ 表示不同变量的符号容易区分；

◎ 纵坐标标目的文字方向与坐标轴相垂直。

线形图中的线条数目一般不超过 5 条，但无论几条，都应以能够清晰分辨为原则。如果无法分辨，还不如用表格来呈现数据。

（2）条形图

当自变量是分类数据时，采用条形图。每条代表一类数据，条的长短表示数据的大小。有时一类变量又分几个水平，就需要用相应数量的条来表示（例图 2），条的数量一般不超过 5 个。

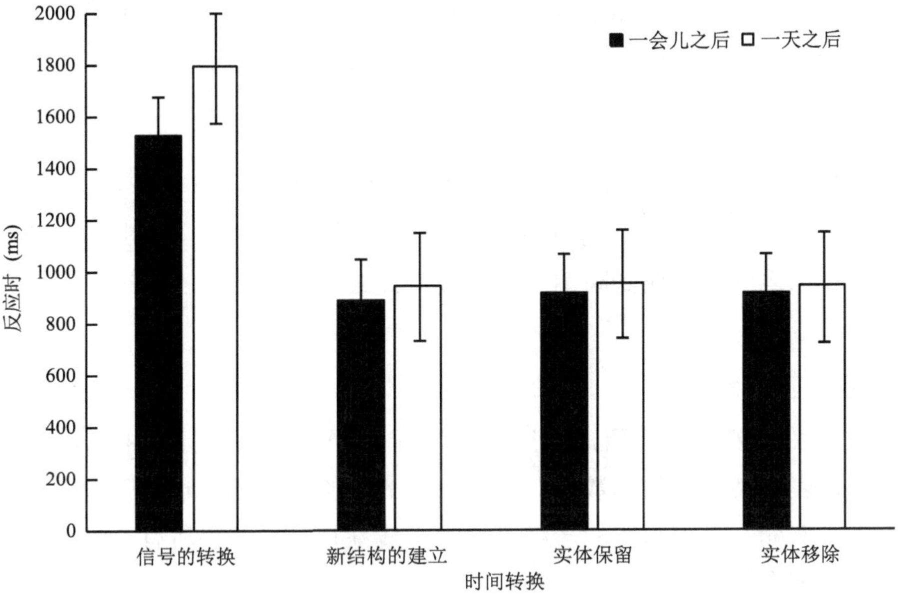

图X　各组婴儿的尝试水平分布

资料来源：何先友，杨惠兰，张维，赵雪汝，谢毅 . (2015). 时间情景模型的动态更新：从短时工作记忆到长时工作记忆 . *心理学报*，*47*, 1235–1246.

例图2　条形图的图样

条形图要求：

◎ 不同的条有明显区分；

◎ 0 点标在纵坐标轴上；

◎ 轴上的刻度易于辨认，纵坐标轴的标目包含测量单位；

◎ 图例包含在图形区内；

◎ 纵坐标轴的长度至少和最长的条的长度相等；

◎ 图中的文字、数字应易于辨认；

◎ 纵坐标标目的文字方向与坐标轴相垂直。

当自变量是分类数据时，也可以采用线形图。当自变量是连续数据时，也可以采用条形图。选择何种类型的插图，需根据呈现数据的目的来定。如果强调一变量随另一变量而连续变化时，采用线形图较好，见例图 1；如果强调不同类型（如年龄组）之间相互比较时，采用条形图比较合适，见例图 2。

（3）圆形图

又叫饼图，用于描述百分比或比例。比较的项目数一般不超过 5 个。从时钟 12 点的位置开始，按照由大到小的部分依次排序。突出各部分差异的较好方法之一是从明到暗用不同的线或点给各个部分涂上阴影，最小的部分最黑。

（4）散点图

散点图由若干个点组成，这些点对应于平面直角坐标系中的纵横轴两个变量，表示某个事件的数值。如果所有的点构成一个条形，则说明存在相关关系。例如，沿着斜线的一组点意味着线性相关，如果所有点都落在一条斜线上，那么其相关系数为 1.00。

2. 结构图示例

结构图经常是方块或圆圈与线连用。例如：组织结构图可以显示出成员间的等级；流程结构图显示一个过程中的各个步骤；模型结构图可以显示不同变量之间的关系。例图 3 是两类结构图的示例。

结构图要求：

◎ 同一性质变量所用的方框或圆圈应大小相同，线形一致；

◎ 所有的线条的粗细、箭头的形状应一致。

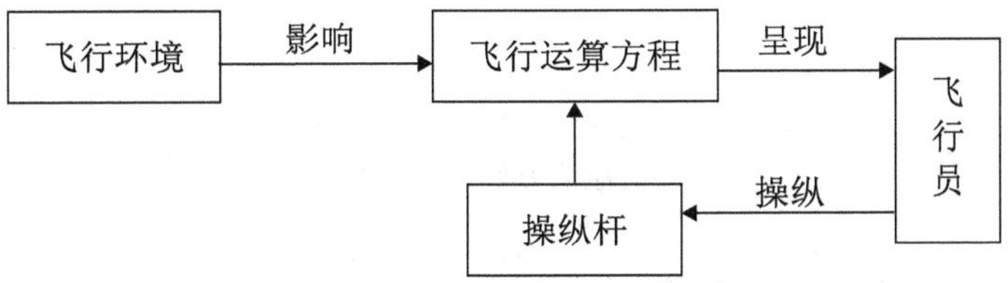

图X　飞机模拟座舱的功能结构图

资料来源：符德江，沈模卫 .（2001）. 航空模拟舱飞行行为的 EPIC 理论仿真 . *心理学报*, *33*, 225.

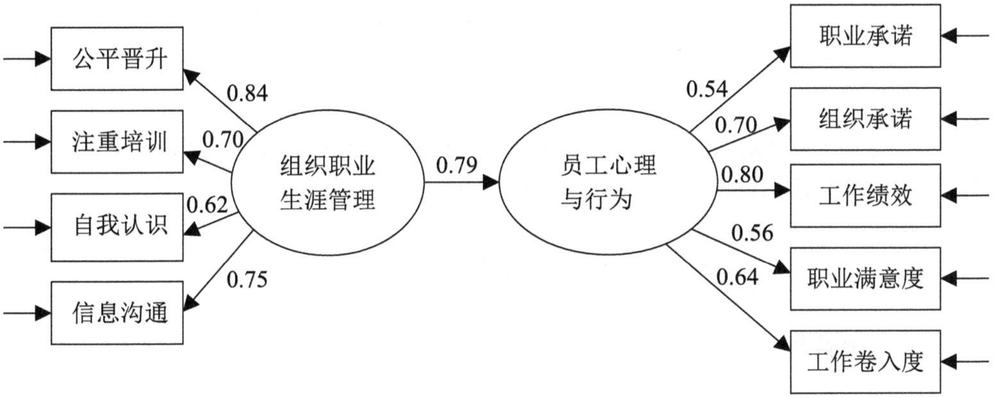

图X　OCM与员工心理与行为的关系

资料来源：龙立荣，方俐洛，凌文辁 . (2002). 组织职业生涯管理与员工心理与行为的关系 . *心理学报*, *34*, 97-105. 有改动

例图3　结构图的图样

3．示意图示例

示意图有很大的灵活性。如果作者想突出某个方面或想法，可以按逻辑关系、时间顺序等来安排图的各个部分（例图 4）。示意图的要求较高，应当用尽可能少的线条来表达。

示意图要求：

◎ 线条简单，没有与主题无关的细节；

◎ 字迹清楚；

◎ 图的各个部分安排紧凑。

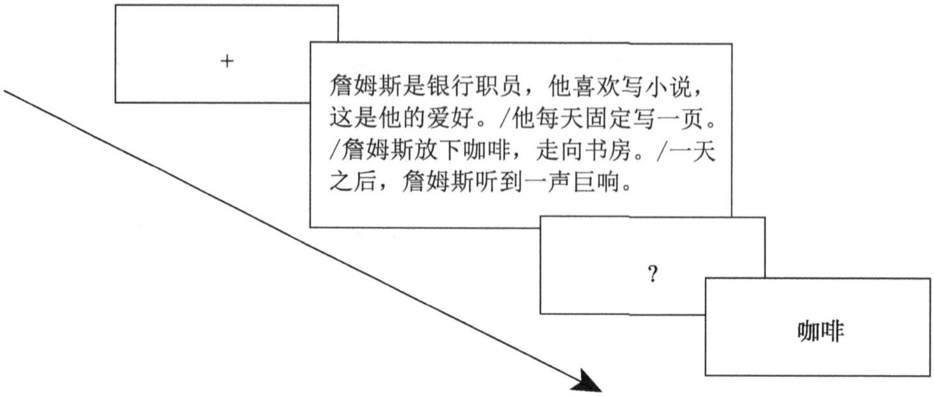

图X　实验1a流程图

资料来源：何先友，杨惠兰，张维，赵雪汝，谢毅. (2015). 时间情景模型的动态更新：从短时工作记忆到长时工作记忆. *心理学报*, *47*, 1239.

例图4　示意图的图样

4. 照片图

照片有很强的视觉效果（例图 5）。在显示某种实物、动作时，或在反映脑功能成像、细胞内的结构变化等方面，照片是最有效的表达手段。照片可以用照相机直接获取，也可以通过计算机软件来生成。

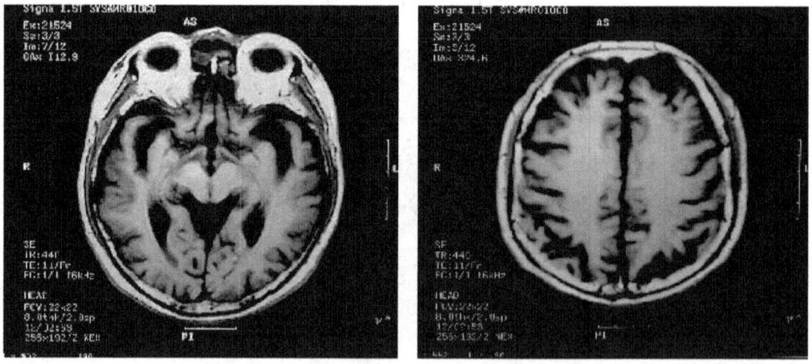

图X　被试QCY的MRI图示

资料来源：杨炯炯，周晓林，张亚旭等. (2002). 逆行性遗忘、额叶与远期记忆的组织. *心理学报*, *34*, 142.

例图5　照片的图样（黑白照片）

照片图要求：

◎ 截除与主题无关的细节；
◎ 对比强烈。

由于照片的制作成本较高，特别是彩色照片，因此，当稿件被录用时，应向编辑部说明是否可以用黑白照片来代替彩色照片。如果必须采用彩色印刷，作者还需承担部分制作费用。

3.3.4 图的构成要素及要求

1. 图序和图题

图序即图的序号，具体参见 P33 3.1.2。

图题即图的标题，要求简明准确，要有较好的说明性和专指性，不要为追求形式上的简洁而选用过于泛指的图题。对比一下下面的图题。

太简短：凝视时间。

过度的描写：实验 1 中刺激产生后与眼睛开始凝视之间的持续时间。

图序和图题之间空 1 个字距，不用任何点号。放置于（打印在）图的下面靠左对齐或居中。

2. 图例

当插图中用某一符号来代表某一变量时，就需要用图例来说明符号的意义。在许多类型的图中，图例是不可缺少的组成部分。图例常被放置于图内并成为插图的一部分，因此它的字体和字号应与图的其他部分相同。如有可能，最好把图例放置在坐标轴的区域之内。

3. 图注

图中未能表达又必须要表达的信息应在图注中说明，如需要解释的度量单位、符号以及缩略语等。不应该让读者去参考正文才能理解插图的信息。

如果你的插图包含误差线，那么还需要说明它们是标准误、标准差、信度边界还是数值范围；这有助于定义所采用的样本大小。如果在图中标出了显著性的值，那么在图注中就要说明（同表注的要求，见 P39 中“4. 表注”）。

4．字体、字号、线条和图案（阴影）的选择

插图中的文字通常采用 6 号宋体。如果有特殊要求，如要突出某些文字，可以增大字号或改变字体。

坐标轴线条为辅线，粗细采用 0.5 磅；图中线条为主线，可以采用 1 磅。

线条的粗细和线条之间的密度也需考虑，以便突出最重要的要素。如：线形图上的曲线和条形图上的条的轮廓都应比坐标轴的刻度更清楚，而这些坐标轴上的刻度又要比坐标轴和核对符号的轮廓更清楚。

插图中性质不同的部分需要用不同的图案来区分，如条形图中代表不同变量的条、饼图中不同部分等。在条形图中，不要用不同的灰度来区分不同的条，而要用有明显区别的线条图案来区分。如果必须使用灰度来区分，那么不同条之间的灰度至少有 30% 的差别。

尽量把条形图、饼图的组成部分限制 5 个以内。如果有更多的部分，那么表可能是表达数据的更好方式。

对于线形图，决定在一幅图内放置几条曲线，应以可辨性作为原则，通常每图最多不超过 5 条曲线。

尽量采用清楚、简单的几何图形来表示数据，最好选择空心的或实心的圆圈、三角形、正方形或菱形。

标注因变量的纵坐标轴的长度应大约是标注自变量的横坐标轴的长度的 3/4~2/3。

采用黑白二色作图。除非该插图需要彩印，否则不要用彩色作图。虽然彩色插图在计算机屏幕上非常清楚，而打印的黑白稿则可能不清楚。

5．标目和标值

标目是用来说明坐标轴的含义的，应该与被标注的坐标轴平行，居中

排印在坐标轴和标值的外侧，文字方向与坐标轴方向相垂直。例如：

正确的标目格式

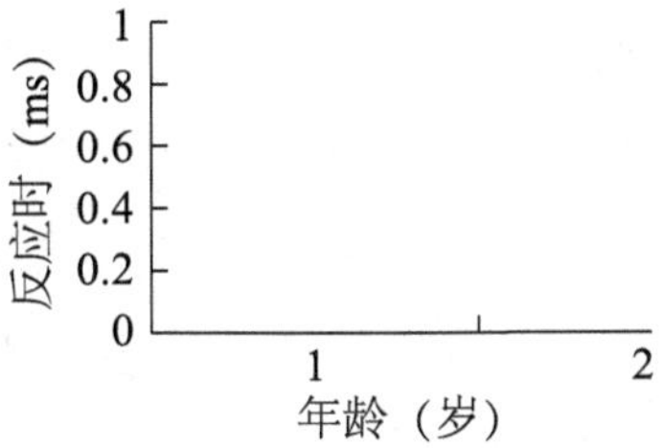

错误的标目格式

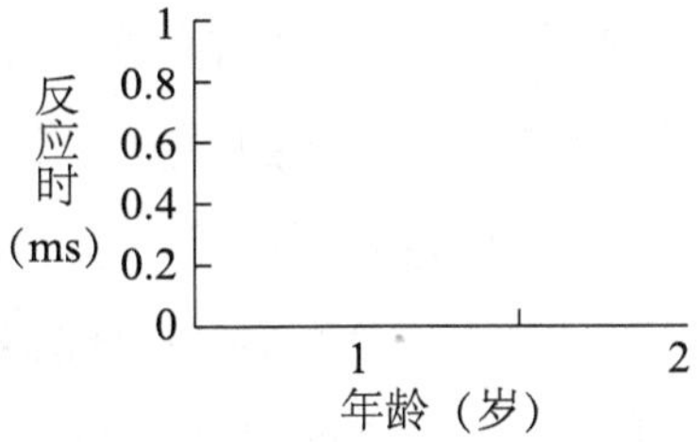

标值是坐标轴定量表述的尺度。标值应防止标注得过分密集，以至于数码前后连接，辨识不清。标值排印在坐标轴外侧，紧靠标值短线的地方。为了清晰，标值的数字应尽量不超过 3 位数。因此，要认真选取标目中的单位，如用 3 kg 代替 3000 g，用 5 μg 代替 0.005 mg 等。

坐标轴上的标值范围是根据图形的数据确定的，但坐标轴上标值的间距则是任选的，不同的选择将使同一条曲线有不同的形状。因此，**标值的确定**应考虑以下几点：

◎ 选择适当的标值，以便所描绘的曲线能涵盖整个的数据。

◎ 选择适当的标值间距，以便所描绘的曲线能正确地反映数据。因为两坐标轴的标值间距不适当将会扭曲数据的显示。

◎ 如果在坐标轴上的测量单位不是从 0 开始，那么用“//”符号在坐标轴上分段。

3.3.5 图的大小和比例

在规划一幅图时，从呈现形式的角度看，应考虑到以下几点：

◎ 除特殊要求外，图的大小必须要限定在期刊的版心之内。

◎ 同类型或同等重要的图的大小应该尽可能地保持一致，单位刻度相同。

◎ 为方便比较，可以把类似的图（如两个图的纵坐标轴相同）合并起来。

◎ 图例是对图中文字的说明，放置于图形区内（见例图 1 和例图 2）。如果确实放不下，那么在计算图的宽度时应考虑到图例所占的空间。

◎ 绘制图时，除非特殊需要，不要为了追求效果而增加一些无意义的细节，如把二维的条形图画成三维的柱形图。尽管这种特殊效果能够增加吸引力，并为某些人所偏爱，但它们会歪曲数据，转移读者的注意力。

◎ 对于同一篇论文中的多幅插图来说，应尽量使插图的各要素相互统一，尤其是使用相同变量的标目、标值、图例等应相互一致。

3.3.6 图的颜色

多数心理学期刊都是黑白印刷，插图也应尽可能不用彩图。彩色插图能增强视觉效果，而电子版是可以保留彩图的，但要保证彩图在黑白印刷时不能影响结果的表达。如线条，可以用不同颜色来区分，但同时还需要用不同线型来区分，否则在黑白印刷时就会混淆。

3.4 数字

根据我国 2011 年 7 月 29 日发布的 GB/T 15835-2011《出版物上数字用法的规定》，结合《APA 出版手册》（第六版）关于数字使用的有关规定，提出心理学论文数字使用的规范如下。

3.4.1 应使用阿拉伯数字的场合

在科技书刊中，下列场合必须使用阿拉伯数字。

1．公元世纪、年代、年、月、日、时刻

按 GB/T 7408-2005/ISO 8601:2000《数据元和交换格式 信息交换 日期和时间表示法》的规定，在引文著录、表格、年表中，日历日期采用完全表示法中

插图的核查清单

◎ 这个插图有必要吗？与表格和正文是否重叠？

◎ 这个插图简洁吗？还有没有可以删去的无关的细节？

◎ 有图序和图题吗？图题的表述是否简洁、恰当地描述了图的内容？

◎ 坐标轴的标值是否合适？

◎ 图中的一般文字是否为 6 号宋体？

◎ 类似的图或者重要性相仿的图是以同样的坐标系画的吗？

◎ 所有的术语拼写是否正确？

◎ 图中的符号及缩写都在图注中有所说明吗？这些符号、缩写与标题是否一致？在其他插图或正文中是否保持一致？

◎ 所有的图在正文的相应位置处是否被提及？

◎ 所有的图都用阿拉伯数字连续编码了吗？

的扩展格式。如应把“1998 年 2 月 15 日”写成“1998–02–15”，其中年份用 4 位数字，月份和日都用 2 位数字表示，年、月、日之间用半字线“–”表示。

“二十世纪”、“二十一世纪”、“九十年代”是错误的表达方法，必须改为“20 世纪”、“21 世纪”、“90 年代”。年份不能简称，如“1998 年”不能写作“98 年”，“1993–1997 年”不能写成“1993–97 年”。

时刻用阿拉伯数字，如“18 时 6 分 25 秒”。也可用完全表示法中的扩展格式：时、分、秒都用 2 位数字表示，中间用冒号“:”（不是比例号“∶”）分隔。上例可写作“18 : 06 : 25”。

要注意区分时间计量和时刻表示，不能把时刻 18 时 6 分 25 秒写成“18h 6min 25s”，也不能把所用时间 18 时 6 分 25 秒写成“18 ∶ 06 ∶ 25”。

日期与时间的组合，表示方法是：年–月–日 T 时：分：秒，“T”为时间标志。例如，“1998 年 2 月 18 日 18 时 6 分 5 秒”可以表示为“1998–02–18T18:06 : 05”，也可以写为“19980218T180605”。

2. 物理量量值必须使用阿拉伯数字

例如：1 m（1 米），2 d（2 天），12.5 m^2（12.5 米^2），3 000 m^3/s（3 000 米^3/ 秒），100~150 kg（100~150 千克），34~39℃（34~39 摄氏度）。

3. 非物理量的量词（计数单位）前面的数字

例如：1 台仪器，2 组测验，3 个实验，20 个被试，360 元。

有些作者不愿意用“2”，主要是因为不习惯。其实，“2”本来就有“二”和“两”2 个读音。

对于“一”，一般可以用“1”来代替，但有时则不行。判断规则是：用“一”以外的数字代替“一”，如果合情合理，则可以用“1”；否则，必须用“一”。例如：

“进行了 1 组实验。”这里用阿拉伯数字。

“这是一条颠扑不破的真理。”这里必须用汉字。

4. 计数的数字

包括整数、小数、分数、百分数、比例以及一部分概数，都要用阿拉伯数字。例如：5，–33，31.6，2/5，88.7%，2 ∶ 8，10 多，500 余。

5. 元件、仪器型号、样品编号、标准代号及其他序号

例如：第 1 届学术年会，第 8 天。

6. 文后参考文献（古籍除外）著录中的数字

为节省篇幅，摘要中的所有数字都要尽量用阿拉伯数字，但在英文摘要中，句首尽可能不用阿拉伯数字。

3.4.2 应使用汉字数字的场合

1. 固定词语中作语素的数字

定型的词、词组、成语、惯用语、缩略语或具有修辞色彩的词语中作为语素的数字，必须用汉字。

例如：二元一次方程，六十四边形，三氧化二铁，二极管，三相点，四脚蛇，五倍子，十二指肠，星期四，“九五”攻关项目，“八六三”计划，第一作者，颠三倒四，五届三次理事会，相差十万八千里。

2. 相邻 2 个数字并列连用表示的概数

相邻 2 个数字并列连用表示的概数必须使用汉字，且连用的 2 个数字之间不得加顿号“、”。

例如：一两千米，七八十岁，二百四五十元。

一定要注意区分 2 个数字并列连用是表示概数还是表示确定数字。

例如：“获一、二等奖的图书分别为 10 和 20 种。”这里一二之间应加“、”。

“气温最高的月份是 6、7 月。”这里数字间除加“、”外，还应使用阿拉伯数字。

3. 带有“几”字的数字表示的概数

例如：十几，几百，四百几十，三千几百万，几十万分之一。

4. 中国及世界各国、各民族的非公历纪年

这类纪年不能与公历月日混用，除中国干支纪年和农历月日外，其他纪年还应采用阿拉伯数字括注公历。

例如：戊寅年二月十三日，正月十五元宵节，九月九重阳节，腊月二十八日；

清咸丰十年九月二十五日（1860 年 11 月 7 日），藏历阳木龙年八月二十六日（1964 年 10 月 1 日），民国三十八年（1949 年）；

法国共和八年雾月十八日（1799 年 11 月 9 日），日本庆应三年（1867 年）。

5. 含有月日简称表示事件、节日和其他特定含义的词组中的数字

如果涉及 1 月、11 月、12 月，应采用间隔号“•”将表示月日的数字隔开，并外加引号，以避免歧义。涉及其他月份时，不用间隔号。当直接用阿拉伯数字表示时，月、日之间均用间隔号（半角字符）。是否用引号，取决于事件的知名度，知名度高的可不加引号。

例如：“一•二八”事变，“一二•九”运动，“一一•二一”案件；五四运动，

九一八事变，十一国庆节；“3·15”消费者权益日，“9·11”恐怖袭击事件。

6．古籍参考文献标注中的数字

这类数字应与所据的版本一致，使用汉字。

例如：许慎.说文解字.四部丛刊本，卷六上，九页。

3.4.3 用阿拉伯数字表示的数值的书写规则

1．书写4位和4位以上的数字，要采用三位分节法

GB 3101–1993 指出：“为使多位数字便于阅读，可将数字分成组，从小数点起，向左或向右每3位分成一组，组间留一空隙，但不得用逗号、圆点或其他方式。”空隙大小以0.5~1个阿拉伯数字的位置为宜。

2．纯小数的小数点前的“0”不能省略

如Cohen's $d = 0.70$，$t = 0.75$。但美国心理学会规定不可能比1大的小数，其小数点前不用0（相关系数、比率、统计显著性），向国外投稿时应予以注意。

3．多位数不能断开转行

多位小数不能从小数点处转行，百分数不能从百分号“%”前转行。

4．阿拉伯数字不能与除万、亿及国际单位制（SI）词头中文符号外的汉字数词连用

万、亿是我国习惯用的数词，当数值较大时，可以改写为用万、亿表示的数。例如:“十二亿一千五百万”可以改写为“121 500万”或“12.15亿”，但不能写成“12亿1千5百万”。

当百、千、兆等为法定单位词头时，可以与阿拉伯数字连用。例如，“5 000米”可写作“5千米”，因为这里的“千”是“k”的中文符号；但“5 000天”不能写成“5千天”，“5 000元”不能写成“5千元”，因为“千天”和“千元”不是法定单位。

5．数值的有效位数应全部写出

3.4.4 数值（量值）范围和公差的表示

1. 数值（量值）范围的表示

数值范围号采用浪纹号“~“。

书写百分数范围，每个百分数后面的“%”都要重复写出。例如，“18%~25%”不得写成“18~25%”。

单位相同的量值范围，前一个量值的单位可以省略，只需在后一个量值上写上单位。例如，“200 ms~250 ms”可以写作“200~250 ms”。

2. 公差的表示

参量与其公差的单位相同时，单位可以只写 1 次。例如，“15.2 mm ± 0.2 mm”可以写作“(15.2 ± 0.2) mm”，但不得写作“15.2 ± 0.2 mm”。

表示百分数公差的中心值时，百分号“%”只需写 1 次，且“%”前的中心值与公差应当用圆括号括起。例如，“(55 ± 4)%”不得写作“55 ± 4%”，也不宜写作“55% ± 4%”。

3. 附带单位的量值相乘表示面积、体积的书写方法

每个量值的单位均应一一写出。例如，“40 cm × 50 cm × 60 cm”不能写成“40×50×60 cm”，也不应写成“40×50×60 cm^3”。

4. 一组计量单位相同的量值的表示方法

可以只在最末一个量值后写出单位，其余量值的单位省略。例如，“200 ms，210 ms，220 ms”可写成“200，210，220 ms”。

3.5 统计符号

叙述中用到统计术语时，不要用该术语的符号代替术语本身。如，要写成“平均数是……”，而不是“*M* 是……”。

总体与样本统计的符号。总体（即理论上的而非实际观测得来的数据）

统计量，确切地说是参数，通常用小写希腊字母呈现。也有一些样本（即实际观测得来的数据）统计量用希腊字母呈现（如 χ^2），但大多数样本统计用斜体拉丁字母呈现（如 *SD*）。

被试量符号。使用大写斜体字母 *N* 标明样本总体的被试人数（如，$N = 135$）；使用小写斜体字母 *n* 标明部分样本的被试人数（如，$n = 30$）。

百分比符号。仅在数字后使用百分比符号（%）。在没有给出数字时，使用“百分比”一词。如：发现 18% 的老鼠……；确定老鼠的百分比……

提示：为了节省空间，在表头和图例中应使用“%”符号。

统计符号通常使用斜体字。如：*N*，*MX*，*df*，*p*，*SS*，*SE*，*MSE*，*t*，*F*，但希腊字母、下标和上标等标识符（即非变量）以及非变量的缩写（如，sin、log）要用正体排版。向量符号要用黑体字排版。（有关字体请参阅 P76 3.8。）

表 1 给出了一些常见统计术语的缩写。

在论文写作中，要注意区分容易混淆的字母和符号，如数字 1 和字母 l，数字 0 和字母 o，乘号 × 和字母 X，希腊字母 Β（β 的大写）和英文字母 B 等。

3.6 数学公式

不需要对常用的统计数据进行解释，但当统计或数学表达方式是新的、少见的或者对于论文来说很关键时，请务必给出有关公式。为节省版面，可以把比较简单的短表达式与文字放在一行中，如 $a=[(1+b)/x]^{1/2}$。例如下面的表达式就很难放到一行中：

$$a=\sqrt{\frac{1+b}{x}}$$

公式的书写要另起一行，而且公式上下要空一行。即使是简单的公式，如果被多次引用，也要呈现出来。复杂的公式一定要呈现。公式的标注数字要有连续性，并且要靠右边书写。如：

$$\chi= -2\sum ax^2 + a_0 + \frac{\cos x - 5ab}{1/n + ax} \qquad (1)$$

表1 统计符号列表和释义

符号	英文释义	中文释义
ANCOVA	Analysis of covariance	协方差分析
ANOVA	Analysis of variance (univariance)	方差分析（单变量）
d	Cohen's measure of effect size	用于柯斯二氏检验
d'	(d prime) measure of sensitivity	敏感性测量或辨别力
D	Used in Kolmogorov-Smirnov test	用于 Kolmogorov-Smirnov 检验
df	Degree of freedom	自由度
f	Frequency	频次
f_e	Expected frequency	期望频次
F	Fisher's F ratio	费舍 F 比率
F_{max}	Hartley's test of variance homogeneity	Hartley's 方差齐性检验
H	Used in Kruskal-Wallis test; also used to mean hypothesis	用于克 - 瓦氏检验；也可代表"假设"
H_0	Null hypothesis under test	检验中的虚无假设
H_1	Alternative hypothesis	对立假设或备择假设
HSD	Tukey's honestly significant difference (also referred to as the Tukey a procedure)	Tukey's 真实显著性差异
k	Coefficient of alienation	离散系数
k^2	Coefficient of nondetermination	非决定系数
K-R 20	Kuder-Richardson formula	库理 20 号公式
LR	Likelihood ratio (used with some Chi-square)	似然比（与一些卡方值一同使用）
LSD	Fisher's least significant difference	费舍最小显著性差异
M	Mean (arithmetic average)	平均数（算术平均数）
MANOVA	Multivariate analysis of variance	多元方差分析或多因变量方差分析
Mdn	Median	中数
mle	Maximum likelihood estimate (used with programs such as LISREL)	最大似然估计（与诸如 LISREL 之类的程序一起使用）
mode	Most frequently occurring score	众数
MS	Mean square	均方
MSE	Mean square error	均方误
n	Number in a subsample	样本数
N	Total number in a sample	样本总数
ns	Nonsignificant	差异不显著

续表

符号	英文释义	中文释义
p	Probability; also the success probability of a binomial variable	概率；也指二项分布中的成功概率
P	Percentage, percentile	百分比；百分位数
pr	Partial correlation	偏相关
q	1– p for a binomial variable	二项分布中 1 – p 的值
Q	Quartile (also used in Cochran's test)	四分差
r	Pearson product-moment correlation	皮尔逊积差相关
r^2	Pearson product-moment correlation squared; coefficient of determination	皮尔逊积差相关的平方；决定系数
r_b	Biserial correlation	二列相关
r_k	Reliability of mean k judges' ratings	评分者信度
r_1	Estimated reliability of the typical judge	典型判断的估计信度
r_{pb}	Point-biserial correlation	点二列相关
r_s	Spearman rank correlation coefficient (formerly rho [ρ])	斯皮尔曼等级相关系数（以前用 ρ 表示）
R	Multiple correlation;also composite rank, a significance test	多重相关；也可表示等级
R^2	Multiple correlation squared; measure of strength of relationship	多重相关的平方；关系强度的测量
SD	Standard deviation	标准差
SE	Standard error	标准误
SEM	Standard error of measurement	测量的标准误
sr	Semipartial correlation	半偏相关
SS	Sum of squares	平方和
t	Computed value of t test	t 检验统计量
T	Computed value of Wilcoxon's or McCall's test	威尔科克逊或麦考尔检验统计量
T^2	Computed value of Hotelling's test	Hotelling's 检验的统计量
Tukey a	Turkey's HSD procedure	Turkey's HSD 程序
U	Computed value of Mann-Whitney test	曼–惠特尼检验统计量
V	Cramer's statistic for contingency tables; Pillai-Bartlett multivariate criterion	列联表的 Cramer's 统计值，根据卡方系数计算公式而得
W	Kendall's coefficient of concordance	肯德尔和谐系数
x	Abscissa (horizontal axis in graph)	横坐标
y	Ordinate (vertical axis in graph)	纵坐标

续表

符号	英文释义	中文释义
z	A standard score; difference between one value in a distribution and the mean of the distribution divided by the *SD*	标准分；一个分布中的某变量和平均数的差距除以 SD 所得值
$\|a\|$	Absolute value of *a*	a 的绝对值
α	Alpha; probability of a Type I error; Cronbach's index of internal consistency	犯 II 型错误的概率；克伦巴赫内部一致性信度系数
β	Beta; probability of a Type Ⅱ error (1-β is statistical power); standardized multiple regression coefficient	犯 II 型错误的概率（1-β 为统计检验力）；标准化多元回归系数
γ	Gamma; Goodman-Kruskal's index of relationship	Goodman-Kruskal's 关系指数
Δ	Delta(cap); increment of change	变化的增加量
η^2	Eta squared; measure of strength of relationship	关系强度的测量
θ	Theta (cap); Roy's multivariate criterion	Roy's 多因变量检验标准
λ	Lambda; Goodman-Kruskal's measure of predictability	Goodman-Kruskal's 预测系数
Λ	Lambda(cap); Wilks's multivariate criterion	大写 Lambda；Wilks's 多因变量检验标准
ν	Nu; degrees of freedom	自由度
ρ_1	Rho (with subscript); intraclass correlation coefficient	Rho（带下标）；组内相关（类相关）系数
Σ	Sigma(cap); sum or summation	Sigma（大写）；相加求和
τ	Tau; Kendall's rank correlation coefficient; also Hotelling's multivariate trace criterion	Tau; Kendall's 等级相关系数；也表示 Hotelling's 多变量 trace 检验标准
φ	Phi; measure of association for a contingency table; also a parameter used in a determining sample size or statistical power	Phi；列联表相关指标；也用作决定样本量的参数或统计检验力
φ^2	Phi squared; proportion of variance accounted for in a 2*2 contingency table	Phi 的平方；2×2 列联表方差比例
χ^2	Computed value of a chi-square test	卡方检验值
Ψ	Psi; a statistical comparison	Psi；统计比较
ω^2	Omega squared; measure of strength of relationship	Omega 的平方；关系强度的测量
^	(caret) when above a Greek letter (or parameter), indicates an estimate (or statistic)	用于希腊字母或符号的上面表示估计或统计

资料来源：American Psychological Association. (2001). *Publication Manual of the American Psychological Association* (5th ed). Washington D C. 有改动

当引用了某一公式时，要写出引用标志；如写作“公式 1”（而不要缩写成“式 1”，或写作“第一个公式”）。

数学表达式的书写要注意字符之间的空格，比如 $a{+}b{=}c$ 就不如写成 $a + b = c$，这样看起来要更清楚。同时要特别注意组合符号的书写。通常下标在上标的前面（X_a^2），但是撇号“′”要紧接着字母或符号写（X'_a）。

数学公式与文字叙述具有同样的功能，是文章的有机组成部分。所以，无论公式是在正文中间还是独占一行，都要按实际需要确定公式后面是否要加逗号、分号或句号。

3.7 计量单位的名称、符号及书写规则

国家法定计量单位是政府以命令的形式明确规定要在全国采用的计量单位制度。凡属法定单位，在一个国家的任何地区、部门、机构和个人，都必须严格遵守，正确使用。我国的法定单位是 1984 年 2 月 27 日发布的，其具体应用形式就是《量和单位》系列国家标准 GB 3100~3102，这是我国各行各业都必须执行的强制性、基础性标准。

3.7.1 单位的构成

我国法定单位是以国际单位制（SI）单位为基础，加上我国选定的一些非 SI 的单位构成的。包括 5 个部分。

1. SI 基本单位

共有 7 个，如表 2 所示。

表2 国际单位制基本单位

量的名称	单位名称	单位符号
长度	米	m
质量	千克（公斤）	kg
时间	秒	s
电流	安[培]	A

续表

量的名称	单位名称	单位符号
热力学温度	开[尔文]	K
物质的量	摩[尔]	mol
发光强度	坎[德拉]	cd

注：①圆括号中的名称，是它前面的名称的同义词。②无方括号的量的名称与单位名称均为全称。方括号中的字，在不致引起混淆、误解的情况下，可以省略。去掉方括号中的字即为其名称的简称。③人们生活和贸易中，质量习惯称为重量。对科技书刊，GB 3102.3-93 不赞成这种习惯。

资料来源：陈浩元 . (1998). *科技书刊标准化 18 讲* (83). 北京：北京师范大学出版社 .

2. 具有专门名称的 SI 导出单位

在 SI 中，具有专门名称的导出单位（包括辅助单位）共有 21 个，如表 3 所示。

表3 具有专门名称的SI导出单位

量的名称	单位名称	单位符号	其他表示示例
[平面]角	弧度	rad	
立体角	球面度	sr	
频率	赫[兹]	Hz	s^{-1}
力	牛[顿]	N	$kg•m/s^2$
压力，压强，应力	帕[斯卡]	Pa	N/m^2
能[量]，功，热量	焦[耳]	J	N•m
功率，辐[射能]通量	瓦[特]	W	J/s
电荷[量]	库[仑]	C	A•s
电压，电动势，电位	伏[特]	V	W/A
电容	法[拉]	F	C/A
电阻	欧[姆]	Ω	V/A
电导	西[门子]	S	A/V
磁通[量]	韦[伯]	Wb	V•s
磁通[量]密度，磁感应强度	特[斯拉]	T	Wb/m^2
电感	亨[利]	H	Wb/A
摄氏温度	摄氏度	℃	K
光通量	流[明]	lm	cd•sr
[光]照度	勒[克斯]	lx	lm/m^2
[放射性]活度	贝可[勒尔]	Bq	s^{-1}
吸收剂量	戈[瑞]	Gy	J/kg

续表

量的名称	单位名称	单位符号	其他表示示例
剂量当量	希[沃特]	Sy	J/kg

注：无方括号的量的名称与单位名称均为全称。方括号中的字，在不致引起混淆、误解的情况下，可以省略。去掉方括号中的字即为其名称的简称。

资料来源：陈浩元 . (1998). *科技书刊标准化 18 讲* (84). 北京：北京师范大学出版社 .

3. 我国选定的非 SI 的单位

我国选定的可与 SI 并用的非 SI 的单位共有 16 个（表 4），它们是我国法定单位的组成部分。

表4 我国选定的作为法定单位的非SI的单位

量的名称	单位名称	单位符号	换算关系和说明
时间	分	min	1 min = 60 s
	[小]时	h	1 h = 60 min = 3 600 s
	日，（天）	d	1 d = 24 h = 86 400 s
[平面]角	[角]秒	″	1″= (π/648 000) rad
	[角]分	′	1′= 60″= (π/10 800) rad
	度	°	1°= 60′= (π/180) rad
旋转速度	转每分	r/min	1 r/min = $(1/60)s^{-1}$
长度	海里	n mile	1 n mile = 1 852 m（只用于航程）
质量	吨	t	1 t = 10^3 kg
	原子质量单位	u	1 u ≈ 1.660 540×10^{-27} kg
体积	升	L,(l)	1 L = 1 dm^3 = 10^{-3} m^3
能	电子伏	eV	1 eV ≈ 1.602 117×10^{-19} J
级差	分贝	dB	
线密度	特[克斯]	tex	1 tex = 10^{-6} kg/m = 1 g/km
面积	公顷	hm^2	1 hm^2 = 10 000 m^2
速度	节	kn	1 kn = 1 n mile/h = (1 852/3 600) m/s（只用于航行）

注：①圆括号中的名称，是它前面的名称的同义词。②无方括号的量的名称与单位名称均为全称。方括号中的字，在不致引起混淆、误解的情况下，可以省略。去掉方括号中的字即为其名称的简称。

资料来源：陈浩元 . (1998). *科技书刊标准化 18 讲* (85). 北京：北京师范大学出版社 .

4．由以上单位构成的组合单位

根据一定的规则和习惯，由 SI 基本单位、有专门名称的 SI 导出单位和我国选定的非 SI 的单位构成的组合单位，只要具有物理意义，都是我国法定单位。例如：速度单位 m/s（米 / 秒），力矩单位 N•m（牛米）。

5．由 SI 词头与以上单位构成的倍数单位

SI 词头用于表示各种不同大小的因数，共有 20 个（表 5）。

表5　SI词头

名称	符号	代表的因数	名称	符号	代表的因数
尧[它]（yotta）	Y	10^{24}	分（deci）	d	10^{-1}
泽[它]（zetta）	Z	10^{21}	厘（centi）	c	10^{-2}
艾[可萨]（exa）	E	10^{18}	毫（milli）	m	10^{-3}
拍[它]（peta）	P	10^{15}	微（micro）	μ	10^{-6}
太[拉]（tera）	T	10^{12}	纳[诺]（nano）	n	10^{-9}
吉[咖]（giga）	G	10^{9}	皮[可]（pico）	p	10^{-12}
兆（mega）	M	10^{6}	飞[母托]（femto）	f	10^{-15}
千（kilo）	k	10^{3}	阿[托]（atto）	a	10^{-18}
百（hecto）	h	10^{2}	仄[普托]（zepto）	z	10^{-21}
十（deca）	da	10^{1}	幺[科托]（yocto）	y	10^{-24}

注：方括号中的字，在不致引起混淆、误解的情况下，可以省略。去掉方括号中的字即为其名称的简称。

资料来源：陈浩元 . (1998). *科技书刊标准化 18 讲* (86). 北京：北京师范大学出版社 .

SI 词头加在法定单位前面构成的十进倍数或分数单位，仍然是我国的法定单位。例如：kg/dm^3（千克每立方分米），g/mL（克每毫升）。

3.7.2　常见的非标准单位符号

不能把单位英文名称的非标准缩写甚至全称作为单位符号，字母大小写不能混淆。常见的非标准单位符号见表 6。

表6 常见的非标准单位符号例表

单位名称	错误符号	标准符号
米	M	m
千克	Kg	kg
[小]时	hr	h
分	m	min
秒	S, sec	s
天	day	d
星期	wk	星期，周
月	mo	月
年	y, yr	a
赫兹	HZ, Hz	Hz
流[明]	Lm	lm
勒[克斯]	Lx, lux	lx

注：无方括号的量的名称与单位名称均为全称。方括号中的字，在不致引起混淆、误解的情况下，可以省略。去掉方括号中的字即为其名称的简称。

资料来源：陈浩元 . (1998). *科技书刊标准化 18 讲* (103, 105). 北京：北京师范大学出版社 . 有改动

3.7.3 应停止使用的非法定单位

所有的市制单位都应停止使用，如斤、尺、亩、里等；所有的英制单位也应停止使用，如，如英尺、英寸、英里等。还有除公斤、公里、公顷以外的“公”字头单位，如公尺（米）、公分（厘米）、公亩（百平方米）、公升（升）、公方（立方米）等都应废弃。

3.8 字母的大写和斜体

3.8.1 字母大写

以下情况**使用大写字母**，但参考文献中只有第一个词的首字母大写，其他小写（需大写的特定词除外）。

◎ 来源于人名的计量单位符号的首字母，例如：国际单位制中的计量单位 Hz（赫 [兹]），Pa（帕 [斯卡]）；我国法定计量单位中的非 SI 的单位，如 dB（分贝）。

◎ 化学元素符号的首字母，如 Cl、O。

◎ 缩略语，如 MMPI，DoB（Decade of Behavior，行为的 10 年）。

◎ 外国人姓和名的首字母，如 Herbert George Wells。

◎ 国家、组织、学校、机关及报刊、会议等名称中的实词（动词、名词、形容词、副词、代词）的首字母需大写，而连接词、冠词、短介词无须大写，但 4 个字母及以上的词的首字母必须大写。如：History of Pathology；Attitudes Toward Mental Health Workers；Department of Psychology, Peking University, Beijing, 100875。

◎ 组合词的首字母，如 Memory in Hearing-Impaired Children。

◎ 药品、设备等的商标名的首字母，如 Elavil，Xerox 等。

◎ 测验名称的首字母，如 Advanced Vocabulary Test。

3.8.2 斜体

统计符号和代数字母使用斜体，如 F（2,18）= 12.04, $p < 0.01$; $r = 0.32$, $p > 0.05$; $y = ax + b$ 等。

注意，以下情况**不用斜体**：

◎ 拉丁文缩写，如 et al.，per se，a priori；

◎ 化学分子式，如 NaCl；

◎ 三角函数符号，如 sin，tan，cos；

◎ 非统计符号或数学公式的字母；

◎ 希腊字母，如 χ，α；

◎ 简写字母，如 intertribal interval（ITI）。

3.8.3 缩写

缩写首次出现时必须给予解释。但一些公知公用的词可以不用解释，如：IQ，REM，MMPI，AIDS，HIV，ACTH 等。

心理学中经常采用的缩写还有 CS，CA，ITI，CVC，STM，RT 等。

常用的拉丁文缩写有 et al.，per se 等。

常见的单位缩写有厘米（cm）、秒（s）、分贝（dB）等。

缩写词也有复数形式，如 IQs，vols 等。

在英文摘要中，句子开头就碰到缩写词，第一个出现的非缩写词字母需大写，如 L-Methionine。

3.9 标点符号

语言的规范使用包括标点符号的正确使用。2011 年 12 月 30 日发布的新国家标准《标点符号用法》（GB/T 15834-2011）对标点符号的使用作了明确、详细的规定。下面结合心理学论文写作对一些常用的标点符号做出说明。

3.9.1 句号

句号用于句子末尾，表示陈述语气；有时也可以表示较缓和的祈使语气和感叹语气。科技书刊中的句号可以采用黑圆点（.）的形式，但要全书刊一致，不能混用。

3.9.2 问号

问号表示句子的疑问语气。多用于句子末尾，但选择疑问句中，选项较多或较长，或有意突出每个选项的独立性时，也可每个选项之后都用问号。在多个问句连用或表达疑问语气加重时，可叠用问号。问号也可用于句内，表示存疑或不详。

3.9.3 逗号

逗号表示句子或语段内部的一般性停顿。新标准在附录的补充规则中说，用顿号表示较长、较多或较复杂的并列成分之间的停顿时，最后一个成分前可用“以及”或“及”进行连接,“以及”或“及”之前应用逗号。例如：

压力过大、工作时间过长、作息不规律，以及忽视营养均衡等，均会导致健康状况的下降。

3.9.4 顿号

顿号表示语段中并列词语之间或某些序次语之后的停顿。标有引号的并列成分之间、标有书名号的并列成分之间通常不用顿号。例如：

店里挂着“顾客就是上帝”“质量就是生命”等横幅。

《红楼梦》《三国演义》《西游记》《水浒传》,是我国长篇小说的四大名著。

使用顿号要注意：①用顿号点断的只能是词或短语，不能是句子。②顿号前后的词或短语只能是并列关系。

并列的阿拉伯数字之间和并列的外文字符之间的停顿，用逗号而不用顿号，这样看起来比较顺眼，因为外文中没有顿号。例如，20，25，30。

3.9.5 分号

分号表示复句内部并列关系分句之间的停顿，以及非并列关系的多重复句中第一层分句之间的停顿。

分号用于分隔已用逗号隔开的单元，例如：

颜色顺序是红，黄，蓝；蓝，黄，红；黄，红，蓝。

年龄主效应，$F(1,76) = 7.86$，$MSE = 0.19$；条件主效应：$F(1,76) = 4.11$；年龄和条件的交互作用：$F(1,76) = 4.96$。

需注意，分项列举的各项有一项或多项已包含句号时，各项的末尾不能再用分号。

3.9.6 冒号

冒号表示语段中提示下文或总结上文的停顿。冒号“用在称呼语后边，表示提示下文”;“用在‘说、想、是、证明、宣布、指出、透露、例如、如下’等词语的后边，表示提示下文”；“用在总说性话语的后边，表示引起下文的分说”；“用在需要解释的词语后边，表示引出解释或说明”；“总括性话语的前边，也可以用冒号，以总结上文”。

注意：①避免冒号套冒号。如“X射线检查：I 型：共5例；II 型：共2例”。可将第2个和第3个冒号改为逗号。②冒号（：）和比例号（∶）是不同的。

3.9.7 引号

标示语段中直接引用的内容或需要特别指出的成分。形式有双引号和单引号两种。

行文中直接引用的话和需要着重论述的对象，用引号标示；具有特殊含义的词语，也用引号标示。例如：

这是一种“正常”行为。这里的“正常”是反语，指“不正常”。

皮亚杰认为：“知识来源于动作，而非来源于客体。”

如果是测验的指导语，在描述时也要用引号。

但描述量表等级时无须引号。如：5级量表，1（总是如此）至5（从不）。

在书写带月、日的事件、节日或其他特定意义的短语（含简称）时，通常只标引其中的月和日；需要突出和强调该事件或节日本身时，也可连同事件或节日一起标引。如“5·12”汶川大地震。

3.9.8 括号

括号标示语段中的注释内容、补充说明或其他特定意义的语句。主要形式是圆括号“（）”。此外还有方括号“[]”、六角括号“〔〕”和方头括号“【】”等。

行文中注释性的文字，用括号标明；注释句子里某些词语的，扩注紧贴在被注释词语之后；注释整个句子的，扩注放在句末标点之后。例如：

两组之间差异显著（见图 2）；

主观幸福感（subjective well-being, SWB）有 2 个特点：（1）……；（2）……。

在心理学论文中，统计结果的表达有时也需要用括号，如 $F(1,76) = 7.23$。

在正文中应尽量避免括号外套括号。如两组之间差异显著（$F(1,32) = 8.53, p < 0.05$），这种表述是不规范的。应写成：两组之间差异显著，$F(1,32) = 8.53$，$p < 0.05$。

如果必须使用多重括号，应遵循“先用小括号（），再用方括号 []”的原则。

3.9.9 破折号

破折号标示语段中某些成分的注释、补充说明或语音、意义的变化。破折号可用于标示插入语、副标题之前，也可用于引文、注文后，标示作者、出处或注释者。例如：

一切机体——包括人和动物，两者是一样的，都要顺应他们自己的环境。

3.9.10 省略号

省略号标示语段中某些内容的省略及意义的断续等，形式为“……”。省略号须与多点连续的连珠号相区别（后者主要是用于表示目录中标题和页码对应和连接的专门符号）。省略号和“等”“等等”“什么的”等词语不能同时使用。在需要读出来的地方用“等”“等等”“什么的”等词语，不用省略号。

科技书刊中已约定俗成：在省略外文字母和阿拉伯数字时，省略号只用 1 个三连点，即“...”。

3.9.11 着重号

着重号标示语段中某些重要的或需要指明的文字。不应使用文字下加直线或波浪线等形式表示着重。文字下加直线为专名号形式；文字下加浪纹线是特殊书名号。着重号的形式统一为相应项目下加小圆点。例如：

成熟在整个心理成长过程中起着一定作用。

3.9.12 连接号

连接号标示某些相关联成分之间的连接。形式有半字线“-”、一字线“—”和浪纹线“~”3种（又叫范围号）。

1．半字线（–）的用法

1）连接相关的词语，构成复合结构。例如：

多质–多法矩阵，物理–化学反应

2）连接相关的字母、阿拉伯数字之类，组成产品型号及各种代号。例如：

101A–2型干燥箱，4–戊二酮

3）用全数字式日期表示法时，间隔年、月、日。例如：

收稿日期：1999–05–17

2．一字线（—）的用法

1）连接地名或方位名词，表示起止、相关或走向。例如：

永定河以大致西北—东南的走向流经京津地区。

2）连接几个相关的项目，表示递进式发展或工艺流程。例如：

人类的发展可以分为古猿—猿人—古人—新人这4个阶段。

3）在表格的表体中，表示“未发现”。

4）在图注中，为节省幅面和讲求美观，可代替破折号（——）。

3．浪纹线（~）的用法

连接相关数字，表示数值范围。例如：20 ~ 25 cm, 60% ~ 75%。

除上述 3 种连字符外，在英、俄、德等外文中还有一种更短的连字符（-），例如：test-retest reliability。

3.9.13 间隔号

间隔号标示某些相关联成分之间的分界。间隔号用于外国人和某些少数民族人名内各部分之间、书名与篇（章、卷）名之间等分界处。

常见错误：A.T. 约翰逊。因为已经是中译名，应当用间隔号，即 **A•T•** 约翰逊。

3.9.14 书名号

书名号标示语段中出现的各种作品的名称。形式有双书名号“《》”和单书名号“〈〉”两种。例如：

斯金纳 1931 年完成论文《行为描述中的反射概念》，获得博士学位。

书名号里面还要用书名号时，外面一层用双书名号，里面一层用单书名号。

但参考文献表中的书名、题名、刊名不用书名号。

书名号之间不用逗号或顿号。

以上说明都是针对中文标点符号。但心理学论文中经常有英文部分，包括正文中的英文注解、英文参考文献、英文摘要等，这时就必须使用英文标点符号，不能使用中文标点符号。如英文中不能使用中文的顿号、书名号，英文的句号是点号，英文的逗号与中文逗号也不同。

第 4 章

推断统计结果的表达规范

4.1 推断统计结果概述

通过样本的数字特征来推断总体的数字特征的过程，称为统计推断。利用对样本调查的结果去推论总体是统计学的核心内容，这方面的统计方法通常称为推断统计（inferential statistics）。通常认为，推断统计主要包括参数估计和假设检验两大部分内容。具体地说，推断统计的内容主要分为如何使用各种不同的样本统计量（即样本平均数、样本方差、样本的相关系数等）进行参数估计和进行假设检验两个方面，统计推断的众多分支、应用、方法及原理都是围绕着参数估计和假设检验这两个基本问题建立和开展的。由于有关参数估计的表达比较简单并且也已很规范，因此本书只给出假设检验表达规范要求。

研究者须注意，**假设检验结果的表达**包含以下五方面的要素：

1）所使用假设检验方法的报告；

2）样本的基本统计量的报告；

3）假设检验统计量计算结果的报告；

4）假设检验显著性标准及结论的报告；

5）效果大小的报告。

任何假设检验方法都依赖于相应的抽样方法，抽样的概率分布是各种不同的推断统计方法的基础，在心理学研究中，最主要的抽样分布包括 Z 分布、t 分布、χ^2 分布和 F 分布等，相应的假设检验方法也就包括 Z 检验、t 检验、χ^2 检验和 F 检验等。因此，心理学研究者在报告推断统计结果前，应该在文章中"研究方法"部分明确报告自己在研究中所使用的"抽样方法"以及所使用的"假设检验方法"的类型是什么，以便使读者能在阅读文章过程中预先准备审阅与研究方法相对应的推断统计结果。

所谓"样本的基本统计量的报告"主要是指在研究过程中所取得的诸如"平均数"、"标准差"和"样本容量"等一些描述统计结果的基本指标。

在报告这些结果的过程中需要列举系列统计结果时，要确保这些统计数据之间的关系及其各自的标志清晰、明确。可以用"分别"、"依次"之类的词阐明其中的关系。例如：

测验 1 到 4 的平均数（标准差）分别是 2.43（0.50），2.59（1.21），2.68（0.39），2.86（0.12）。

测验 1 到 4 的平均数依次为 2.43，2.59，2.68，2.86（标准差分别是 0.50，1.21，0.39，0.12）。

研究者在报告结果时需注意对于常见的统计数据不需要进行解释，但是，在下面两种情况下请一定加以解释：①不常用的统计方法的结果，尤其是那些虽然在期刊中出现过但是还没有列入统计教材中的方法；②有争议的统计数据（如显著程度没有达到假设所认可的水平时却认为它们是显著的）。另外，当统计本身就是文章的重点时，也要提供支持性解释。

用文字叙述的方式进一步强调一些特殊的数据，这样做似乎有一定的意义，但是如果已经像第 3 章所述那样以图表的形式报告了描述统计值，那在正文中就可以不再重复了。

4.2 假设检验统计量的表达

研究者在报告所做研究的推论统计结果时，要根据不同的假设检验方法的要求尽可能提供充分的信息来帮助读者理解该结果所包含的分析意义。所报告的统计信息除了前面提到的“抽样的样本大小、抽样的样本平均数及抽样样本的标准差（或者方差）”等描述统计方面的信息之外，有关推断统计的结果首先是要报告与所使用的检验方法相对应的检验结果的统计量的值，例如，使用 Z 检验得到的 Z 统计量为“$Z = 2.14$”或“$Z = 1.89$”等。

必须注意的是，通常使用英文斜体字母来表达各种检验统计量。

4.3　假设检验显著性水平的表达

在推论统计过程中，研究者通常要根据预先设定的显著性水平来对是否接受设定的假设进行统计推断。

心理学学术论文中通常可以使用以下两种方式之一来表达显著性水平的概率。

第一种表达显著性水平的概率是在进行差异显著性检验之前预先设定的“显著性水平 α 的值”，这是一种先验概率（priori probability），其含义是指在虚无假设为真时，错误拒绝这个真的虚无假设时可能出现的概率水平，也就是假设检验过程中犯第一类错误的最大概率值（通常称这一概率值为“显著性水平”或“α 水平”）。由于任何推断统计都不可能做到百分之百的正确，因此，研究者只能试图尽可能把犯错误的概率控制在较小的范围内，例如，将犯这种推断错误的可能控制在 5% 的范围之内，甚至更小，如 1% 的范围之内，在心理统计学中，通常把前者称为“显著性水平为 $\alpha = 0.05$”，把后者称为“显著性水平为 $\alpha = 0.01$”。在报告具体的推断统计结果内容中，按惯例需要申明为统计检验而选择的 α 水平。

以双侧 Z 检验为例，常见的报告方式之一是：“$Z = 2.14$，$\alpha = 0.05$，$Z_{(\alpha/2)} = 1.96$，$p < 0.05$”或“$Z = 1.89$，$\alpha = 0.05$，$Z_{(\alpha/2)} = 1.96$，$p > 0.05$”。这是因为，理解心理统计学的读者都知道，当设定“显著性水平为 $\alpha = 0.05$”时，其接受或拒绝虚无假设的临界值为“$Z = 1.96$”，实际的 Z 检验值大于这个值时，统计推断结果为“差异显著”，实际的 Z 检验值小于这个值时，统计推断结果为“差异不显著”。

就 4.1 所提到的 4 种检验方法而言，除“Z 检验”外，其他三种检验方法在报告“α 水平”时还应该列出与该 α 水平和该研究的自由度相应的统计检验的临界值，例如，“$t = 2.14$，$\alpha = 0.05$，$t(26) = 2.056$，$p < 0.05$”或“$t = 1.89$，$\alpha = 0.05$，$t(20) = 2.086$，$p > 0.05$”；“$\chi^2 = 2.14$，$\alpha = 0.05$，$\chi^2(2) = 5.99$，$p > 0.05$”；使用方差分析进行假设检验时，列出的 F 检验临界值还应该包括分子和分母两个自由度，如“$F = 2.14$，$\alpha = 0.05$，$F(2,26) = 4.27$，$p > 0.05$”。

另一种表达显著性水平的概率是在进行差异显著性检验之后通过计算实得的后验概率（posteriori likelihood），其含义是指在虚无假设为真时，根据假设检验的结果错误拒绝一个虚无假设时的具体概率值，也就是根据该假设检验的结果犯第一类错误的具体概率值。由于计算机统计软件的发展，通过 SPSS 等统计软件可以直接计算出各种假设检验方法所得出的检验结果可能犯第一类错误的具体概率值，同时也不再需要列出 α 值，因此，当今心理学学术期刊普遍使用这种显著性水平的概率表达方式。在使用这种方式表达显著性水平的概率值时，除 Z 检验外，其他三种检验方法相应的自由度可以放在相应统计量符号的下标方式来表示。例如：“$Z = 2.14$，$p = 0.016$”或“$Z = 1.89, p = 0.029$”；“$t(28) = 2.14, p = 0 .02$”；“$\chi^2(3) = 1.65$，$p = 0.65$；“$F(2,26) = 8.86$，$p = 0.005$”。

使用这种方式时，由于直接可能犯第一类错误的具体概率值（即 p 值），从 p 值上可以直接明了是在什么 α 水平上接受或拒绝虚无假设。需要特别注意的是，当 p 值很小（例如 $p = 0.000\ 05$）而研究者又只想保留小数点后两位或后三位时，应该使用“$p < 0.01$”或“$p < 0.001$”而不要书写成“$p = 0.00$”或“$p = 0 .000$”。

对于相关分析（例如多元回归分析、因素分析以及结构方程模型），充分的统计信息包括样本的大小、方差协方差矩阵（或相关矩阵）及其他一些与使用的程序具体相关的信息（如变量的平均数、信度、假设的结构模型和其他参数）。

对于非参数分析（如列联表的 χ^2 分析、计数数据的分析），应提供各种原始数据的总体描述（例如每一类别的被试数目、等级的总数、每个单元的样本大小）。

小样本分析（包括个案研究），可以通过表格或者插图来提供完整的数据描述。

4.4 统计检验力的含义

如前所述，“显著性水平 α 的值”是指在虚无假设为真时，研究者通过假设检验过程得出了拒绝这个真的虚无假设时可能出现的错误概率水平（这类错误通常被称为“第一类错误”）。当今心理学许多学术期刊不仅要求研究者提供这方面的推断统计信息，而且要求研究者提供“当虚无假设是假”的情况下的相关推断统计信息，这方面的推断统计信息与“统计检验力”和“效果大小”等概念有关。

与第一类推断错误不同的是，当虚无假设（H_0）为假但是研究者的假设检验结果是接受这一虚假的虚无假设时，就犯了“纳伪错误（也即推断统计过程中的第二类错误，通常用符号“β”表示）。与此相反，如果在虚无假设（H_0）为假（也即备择假设 H_1 为真）时，研究者的假设检验结果是正确地拒绝这一虚假的虚无假设，则将做出这一推断统计的概率称之为“统计检验力”（statistical power），通常用符号“1 － β”来表示。

“统计检验力”的大小主要受到 α 水平、效果大小和样本大小等三个因素的影响。

研究者设计实验进行研究的目的主要是检验所控制的自变量对因变量所造成的影响有多大，由于统计检验力受“抽样的样本大小”的影响，通过增大抽样的样本可以在统计学意义上提高统计推断的“显著性水平”，虽然“统计检验力”和“效果大小”这两个统计指标之间具有密切的联系，但由于“统计检验力”这一指标的高低反映的是“研究者做出拒绝虚无假设的推断的‘把握度’有多大”，这一指标虽然也受到“效果大小”指标的影响，但它也可能在“低效果大样本容量”的条件下出现，这时的高统计检验力所反映的有可能是“统计学意义上的显著”，并没有反映出研究者所控制的自变量对因变量所造成的影响有多大，因此，在心理学学术期刊上一般不要求提供统计检验力（$1-\beta$）指标。

4.5 效果大小的含义及表达

研究者通过实验研究试图达到检验所控制的自变量对因变量所造成的影响有多大的目的主要可以通过“效果大小”这一指标来得到反映，因此，当研究者的统计推断结果是拒绝“虚无假设”时，只需要报告“效果大小”这一统计指标就可以把相关的假设检验信息表达清楚。

所谓效果大小（effect size，又译为“效应量”或“效应值”等）是反映统计检验效果大小或处理效应大小的重要指标，它表示不同处理下的总体平均数之间差异的大小，可以在不同研究之间进行比较。效果大小反映了两个总体受某种事物的影响后所产生的差异程度。不同的假设检验方法具有不同的效果大小指标，研究者需要注意向读者提供与自己的研究所使用的假设检验方法相应的效果大小指标。最为常见的是：与平均数差异显著性检验（*Z* 检验或 *t* 检验）相应的效果大小通常用“Cohen's *d*”表达，与方差分析这一假设检验方法相应的效果大小通常用“η^2”或“偏 η^2（η_p^2）”表达。

4.6 推断统计结果的表达范例

4.6.1 *Z* 检验或 *t* 检验推断统计结果的表达

研究者在对两个分组的研究数据进行均数差异显著性检验时，通常使用 *Z* 检验（在总体方差已知时）或 *t* 检验（在总体方差未知时），这两种假设检验方法的结果表达方式除统计量的符号不同外，其他推断统计结果的表达是一致的，其一般表达方式是：

例 1：……通过独立样本 t 检验，我们检验了时间距离的操纵有效性。结果表明……两组存在显著性差异，$t(58) = -2.49$，$p < 0.05$，$d = 0.64$。说明时间距离的操纵方式有效……(《心理学报》2014 年 p1181)

例 2：……在匹配条件下，有效位置的反应时快于无效位置，$t(36) = -10.02$，$p < 0.001$，$d = 0.92$；在冲突条件和中性条件下，有效位置的反应时慢于无效位置，$t(36) = 2.04$，$p < 0.05$，$d = 0.11$；$t(36) = 2.57$，$p < 0.05$，$d = 0.18$……(《心理学报》2014 年 p1446)

4.6.2 方差分析推断统计结果的表达

研究者通常使用方差分析 (F 检验) 方法来对三个 (或更多) 分组的研究数据，或者对同时控制两个以上的自变量所得研究数据进行差异显著性检验。虽然不同的方差分析结果的表达方式大致相同，但研究者在报告中应该注意所使用的“效果大小”指标的不同含义。

当自变量有两个以上时，其表达方式主要包括：

例 3：……对追踪正确率进行 2(视觉与听觉任务)×2(相容与不相容) 重复测量方差分析发现：数字判断任务的输入通道 (视觉和听觉通道) 主效应显著，$F(1,13)= 16.89, p = 0.001, \eta^2 = 0.565$；多身份追踪与数字判断任务的相容性 (相容与不相容) 主效应显著，$F(1,13) = 44.03, p < 0.001, \eta^2 = 0.772$；两因素交互作用不显著，$F(1,13) = 0.071, p = 0.793$……(《心理学报》2014 年 p734)

例 4：……对虚报率进行两因素重复测量方差分析，结果显示：时间间隔的主效应显著，$F(1,20) = 17.28, p < 0.001$, partial $\eta^2= 0.46$, 短时间隔条件下的虚报率显著低于长时间隔；情绪效价的主效应显著，$F (2,40) = 9.84, p < 0.05$, partial $\eta^2= 0.33$, 积极图片的虚报率显著高于中性图片和消极图片；效价和时间间隔的交互作用显著，$F (2,40) = 17.22, p < 0.001$, partial $\eta^2 = 0.46$……(《心理学报》2014 年 p925-926)

例 5：……混合设计方差分析表明，线索有效性主效应显著，$F(1,35) = 35.79, p < 0.001, \eta_p^2 = 0.51$，有效位置的反应时 (575.63 ms) 快于无效位置 (589.36 ms)。线索类型主效应显著，$F(2,70) = 14.52, p < 0.001, \eta_p^2 = 0.29$

……线索有效性与线索类型的交互作用显著，$F(2,70) = 88.85, p < 0.001, \eta_p^2 = 0.72$, 其他交互作用不显著……(《心理学报》2014 年 p1446)

4.6.3 卡方检验推断统计结果的表达

对于卡方检验(χ^2检验)，报告假设检验结果时需要注明自由度和样本量。例如：

例 6：……为了检验这些结果在学步儿群体中的分布情况，进行了非参数检验。频次分布表如表 4 所示：29 个安全型依恋学步儿中的 20 个，在看护者无回应时的注视时间较长；而 12 个不安全型依恋学步儿中的 8 个 (7 个回避型中的 6 个，5 个矛盾型中的 2 个)，在看护者有回应时的注视时间较长。卡方检验结果显示，$\chi^2 (n = 41) = 4.44, df = 1, p < 0.05$, 频次分布与理论期望值的差异显著……(《心理学报》2014 年 P360)

4.6.4 “效果大小”表达时应注意的问题

第一，假设检验的推断结果为差异不显著时，一般不需要报告“效果大小”或“β”指标，更不需要报告统计检验力（1 － β）指标。

第二，假设检验的推断结果为差异显著时，通常只需要报告“效果大小”，而不需报告统计检验力(1 － β)指标。报告的顺序一般是：假设检验统计量(如“t = ？”或“F = ？”等)，显著性水平“p”和效果大小。

第三，虽然方差分析也可以作为特例来对两个分组的研究数据进行均数差异显著性检验，换言之，“η^2”指标也可以作为对两个分组的研究数据进行均数差异显著性检验后效果大小的指标来使用，但是，当使用 Z 检验或 t 检验这两种方法之一来对两个分组的研究数据进行均数差异显著性检验时，心理学学术期刊中一般对这两种假设检验方法推断结果中“效果大小”的表达通常还是使用“Cohen's d（或直接用 d）”指标而不用“η^2”。

第四，对于单因素方差分析的结果，报告效果大小时只能使用“η^2”指标。由于“SPSS”统计软件包在给出的方差分析结果表中统一使用“partial η^2（偏

η^2）”，因此研究者在报告这一结果时需要加以纠正。

第五，对于两因素方差分析的结果，在表达效果大小时既可以像例 3 那样使用“η^2”指标，也可以像例 4 和例 5 那样使用“偏 η^2”指标，但例 4 用的符号是“partial η^2”，而例 5 用的符号则是“η_p^2”。虽然这两种表达“偏 η^2”的方式都可用，我们还是建议使用“η_p^2”更为简洁。

第六，因为不同的假设检验方法具有不同内涵的“效果大小”指标，因此在表达“效果大小”这一指标时，不能笼统地使用英文词组“effect size”的首字母“ES = ？”来表达。

第 5 章

参考文献著录要求

论文参考文献主要分为“顺序编码制”和“著者-出版年制”两大类，但在细节要求上，各期刊和出版社不尽相同，又有多种格式标准。

《APA 出版手册》的参考文献格式属于“著者-出版年制”，被许多人文社科的期刊广泛采用，在国际上得到广泛应用。

我国心理学各期刊也参照《APA 出版手册》，结合中文特点以及中国的各种文献著录标准，制定各自的参考文献著录标准。

本章将以《心理学报》为例论述我国心理学学术期刊对参考文献引用格式的要求。

5.1 总体要求

第一，正文中引用的文献与文后的文献列表要完全一致。文中引用的文献可以在正文后的文献列表中找到；文献列表的文献必须在正文中引用。

第二，文献列表中的文献著录必须准确和完备。

第三，文献列表的顺序。文献列表按著者姓氏字母（或汉语拼音）顺序排列；姓相同，按名的字母顺序排列；著者姓和名相同，按出版年排列。相同著者，相同出版年的不同文献，需在出版年后面加 a、b、c、d……来区分，按文题的字母顺序排列。如：

Wang, M. Y. (2008a). Emotional...

Wang, M. Y. (2008b). Monitor...

Wang, M. Y. (2008c). Weakness...

第四，英文缩写。英文参考文献中，有些成分需要缩写。中文文献还是写中文。见表 7。

表7　英文参考文献成分中的常见缩写

英文缩写	英文全称	中文
chap.	chapter	章
ed.	edition	版
Rev. ed.	revised edition	修订版
2nd ed.	second edition	第2版
Ed. (Eds.)	Editor (Editors)	编
Trans.	Translator(s)	译
n.d.	No date	无日期
p. (pp.)	page (pages)	页
Vol.	Volume (as in Vol. 4)	卷
vols.	volumes (as in 4 vols.)	卷
No.	Number	第
Pt.	Part	部分
Tech. Rep.	Technical Report	技术报告
Suppl.	Supplement	增刊

第五，元分析报告中的文献引用。元分析中用到的研究报告直接放在文献列表中，但要在文献前面加星号 *。并在文献列表的开头就注明 * 表示元分析用到的文献。

第六，中文文献应给出相应的英文。先给出英文，然后把中文放在下面的方括号中。

5.2　正文中的文献引用标志

在著者-出版年制中，文献引用的标志就是“著者”和“出版年”，主要有下列两种形式，可以根据行文的需要灵活选用其中一种。

第一，正文中的文献引用标志可以作为句子的一个成分。例如：

Dell（1986）基于语误分析的结果提出了音韵编码模型……。汉语词汇研究有庄捷和周晓林（2001）的研究。

第二，也可放在引用句尾的括号中。例如：

在语言学上，音节是语音结构的基本单位，也是人们自然感到的最小语音片段。按照汉语的传统分析方法，汉语音节可以分析成声母、韵母和声调（胡裕树 , 1995; 黄伯荣 , 廖序东 , 2001）。音韵编码模型假设音韵表征包含多个层次（Dell, 1986）。

1. 只有一个著者的文献引用

例如：

张三（2008）研究了人格与心理的关系。

人格和心理健康有密切关系（张三，2008）。

如果同一篇文献连续引用，则第一次引用需给出出版年，第二次及以后的引用无需写出版年。例如：

张三（2008）研究了人格与心理的关系……。张三还发现……

2. 多个著者的文献引用

如果有两个著者，正文引用时两个著者的姓（名）都要给出。如果引用标志是句子的一个成分，两个著者之间用“和”；如果是放在引用处的括号中，英文的两个著者之间则用“&”，中文不加“&”，用逗号隔开。例如：

张三和李四（2008）发现了……，这个结果在 Wang 和 Sun（2009）的研究中得到重复。未来的研究还需关注环境的影响（赵一 , 陈二 , 2008; Wolchik & West, 2007）。

如果有 3 个、4 个或 5 个著者，第一次引用时需给出所有著者的姓（名），第二次及以后再引用时，只写第一著者的姓（名），后面用“等”或“et al.”。

引文标志作为句子成分，多个著者之间，中文用顿号，英文用逗号，最后两个著者之间用“和”；引文标志放在引用处的括号中，多个著者之间用逗号，最后两个著者之间英文用“&”，中文仍用逗号。注意：英文的最后两个著者之间用 &，倒数第二个著者后仍需逗号。例如：

张三、李四和王五（2008）发现了……，这个结果在 Wang, Zhao 和 Sun（2009）的研究中得到重复。未来的研究还需关注环境的影响（赵一，周二，陈三，2008；Wolchik, Sandler, & West, 2007）。

如果有 6 个或更多著者，只写第一著者的姓（名），后面用“等”或“et al.”。（文后的文献列表中，6/7 个著者的姓名都需列出。超过 7 个，列出前 6 位和最后 1 位著者，其余著者用省略号代替）。例如：

张三等(2008)发现了……,这个结果在 Wang 等(2009)的研究中得到重复。未来的研究还需关注环境的影响（赵一等 , 2008; Wolchik et al., 2007）。

注意：如果有两篇文献的第一著者和出版年都相同，那么只写第一著者将会混淆两篇文献，则需加第二著者以示区别。至于应该写几个著者，以能在正文中区分开两篇文献为原则。

3. 两篇文献的著者的姓氏相同

如果两篇文献的著者的姓氏相同，则需给出名的缩写，以免混淆。例如：

K. D. Wang（2007）和 P. G. Wang（2008）研究了……

4. 同时引用多篇文献

著者相同，出版年不同，按出版年排序。例如：

过去的研究（Edeline & Weinberger, 2002a, 2002b, 2005, in press）表明……

同时引用不同著者的文献，则按著者的姓氏字母排序，用分号隔开。例如：

多项研究（Bai, 2004; Chen, 2006; Deng & Fang, 2005）表明……

为了突出重要文献，可以先写重要文献，再把其他文献放在后面，前面加“see also”或“也见”。例如：

文献著录中的常见问题

1）在正文中，是写中文姓名还是写英文的姓？

以中文发表的文献，在正文引用中著者姓名需写中文。如：张三（2008）研究了人格与心理的关系。以英文发表的文献，在正文引用中著者姓名需写英文（只写姓）。如：Zhang（2008）研究了人格与心理的关系。

2）多个著者之间是用“和”还是用“&”？

如果文献标志作为句子的一个成分，最后两个著者之间用“和”，如：张三和李四（2008）研究了人格与心理的关系……。Zhang 和 Li（2008）比较了外倾性格与冠心病发病的关系。

如果文献标志不是句子的一个成分，放在引用处的括号中，英文用“&”，中文用逗号，如：……人格与心理健康有密切关系（张三，李四，2008）；……外倾性格与冠心病发病有关系（Zhang & Li, 2008）。

3）多个著者之后是用“等”还是“et al.”？

中文文献的多个著者之后用“等”，如：张三等（2008）研究了人格与心理的关系……；……人格与心理健康有密切关系（张三等，2008）。

作为句子的一个成分，英文文献的多个著者之后用“等”或“等人”，如：Zhang 等（2008）比较了外倾性格与冠心病发病的关系。放在引用处括号中，英文文献的多个著者之后则用“et al.”，如：……外倾性格与冠心病发病有关系（Zhang et al., 2008）。

许多研究（张三，2005; 也见 李四，王五，2006）探讨过……问题。多数研究（Ninor, 2002; see also Adms, 2001; Storandt, 2000）认为……

5.3 文献列表中文献各成分的要求

1. 文献各组成部分

文献的组成部分有：著者，出版日期，文题或章节的题目，出版信息（刊名、卷号和页码，章节的页码范围和出版地），获取信息的日期和来源等。不同类型的文献有不同的要求。

每个部分用点号结束。

2. 著者

文献著录的第一部分是著者姓名。

姓需全拼，名只写首字母；姓氏后面有逗号，名的缩写字母后面有缩写点。姓前名后。

如果是论文集中的论文，论文集的编者为名前姓后（只适用于英文书写的文献，中文书写的中文文献编者仍姓前名后）。

2~7 个著者，最后两个著者之间用“&”，其他著者用逗号隔开。超过 7 个，列出前 6 位和最后 1 位著者，其余著者用省略号代替。

最后一位著者用点号结束。英文著者因为有缩写点，所以省略一个点号。

名字有连字符，要保留连字符。如：Hau, K. -T.

团体著者的名称要全拼，不要简写。大的单位要在小的单位之前。例如：

Beijing Normal University, School of Psychology. (2008)...

Chinese Academy of Sciences, Institute of Psychology. (2007)...

如果没有著者，则不留著者位置，文题或书名前移至著者位置。

如果是编的图书，著者姓名后要在括号内加 Ed. 或 Eds.，中文加“编”。

3. 出版日期

把出版日期放在著者后面的括号中，并加点号。

学术期刊（journal）、图书、音像制品的文献中只写年即可。如：张三 .

（2008）.

会议论文集、非学术的杂志（magazine）、快报需写年和月。如：张三 .（2008, 2 月）.

日报和周报需写年月日。如：张三 .（2008-02-08）.

已被接受但还未印刷的论文或图书，写 in press 或“印刷中”。如:张三 .（印刷中）.

时间不明确的文献写（n.d.）或（无日期），如：张三 .（无日期）.

4. 文题或章节名称

文章标题和副标题的首字母需大写，其他为小写，特殊要求的单词除外。无需引号或书名号。

论文或章节的特殊类型可以在后面的方括号中标示。特殊类型的文献有：

[Letter to the editor]　[给编辑的信]

[Special issue]　[专辑]

[Monograph]　[专题]

[Abstract]　[摘要]

5. 刊名和出版信息

刊名需给出全称，不要简写。实词的首字母大写，其他小写，特殊刊名除外。

刊名后给出卷号，不用 Vol. 或“卷”。如果刊物页码不是连续编号，而是每期都从第 1 页编起，则需在卷号后加期号。如：*心理学报*，*8*(2)。期号字体为正体。

如果刊物没有卷号，则需注明月或季等比较明确的时间。如:（1999, 8 月）

刊名与卷号的字体需用斜体。

刊名、卷号和页码之间用逗号隔开。末尾用点号。

页码范围符号是“–”，不是“-”，注意两者的区别。

最后一个著者与出版年前的左括号之间，要留一空格。

例如：

Zhuang, J., & Zhou, X. L. (2001). Word length effect in speech production of Chinese. *Acta Psychologica Sinica*, *33*, 214–218.

庄捷，周晓林. (2001). 言语产生中的词长效应. *心理学报*, *33*, 214–218.

6. 非连续出版物的题名，包括书名

要求同期刊的文题。

书名字体用斜体。

特殊的文献类型需在题名后标示，包括：

[Brochure]	[宣传册]
[Motion picture]	[电影]
[Videotape]	[录像带]
[CD]	[光盘]
[Computer software]	[软件]
[Data file]	[数据]

例如：

张三. (2008). *警惕心理学中的生物化倾向*. 北京：未名出版社.

如果是多卷本中的一本，卷号和卷名应视为题名的一个部分。例如：

张三. (2008). 汉代心理学思想. 见　李四(主编), *心理学通史：第2卷. 中国古代心理学*. 北京：新华出版社.

7. 论文集中的论文或有“主编”的书内的某一章

英文编者需名前姓后。

中文文献中，中国人作为编者的姓名无需颠倒。

编者的后面需在括号内加 Ed. 或 Eds. 或“编”。

如果没有编者，可在 In 或“见”后直接写书名。中文“见”后要留一空格。

需给出论文或章节的页码范围。单页页码前写 p.，多页的页码范围前写 pp.。

如果还有版本或卷号的必要信息，则加在页码之前，用逗号隔开。第 1 版不用写。

例如：

王五 . (2008). 心理学中的技术取向 . 见　张三，李四 (编), *心理学的历史走向* (p. 35). 北京：新华出版社 .

王二 . (2008). 心理学中的非科学成分 . 见　张三，李四 (编), *心理学的历史走向* (第 2 版 , pp. 23–35). 北京：新华出版社 .

8. 非期刊（图书）的出版信息

期刊以外的文献需提供出版地和出版社名称。

出版地和出版社之间用冒号，出版社后用点号。

如果出版社名称中有州名或省名，可以在出版地中省略州名或省名。

出版社的名称尽可能简明。协会、集团、大学的出版社需给出全称，可以省略冗余部分，如 Publishers, Co. 或 Inc.，但 Books 和 Press 需保留。

如果有两家或多家出版社，给出第一家出版社的出版地或出版社的总部所在地。

美国出版的图书应写出版地、州名（简写）和出版者，如：

...Hillsdale, NJ: Erlbaum.

美国以外出版的图书需给出国家名称。如果出版地不是很有名，还需给出省名。如：

...Churchill, Manitoba, Canada: ABC Press.

也有的不需要给出省名。如：

...Oxford, England: Basil Blackwell.

如果出版地是很著名的城市，则不需写国家名称。如：

Amsterdam: Elsevier.

美国心理协会列出的著名城市有 Baltimore, Boston, Chicago, Los Angeles,

New York, Philadelphia, San Francisco, Amsterdam, Jerusalem, London, Milan, Moscow, Paris, Rome, Stockholm, Tokyo, Vienna.

中国出版的图书，出版地写城市名。如果用英文书写，则需在城市名后加 China。如：

...Nanjing, China: Jiangsu Educational Press.

……南京：江苏教育出版社 .

9. 电子来源的获取信息

需给出获取时间和获取来源。

如果是从互联网上获取的信息，需给出获取日期和网址。

如果是网址，末尾不要加点号。

英文书写的文献获取日期为月日年，格式为“June 26, 2006”；中文书写的日期为年月日，格式为“2008-07-02”。

英文写 Retrieved from。中文写“取自”。

例如：

...Retrieved July 3, 2008, from http://journal.psych.ac.cn/xuebao/cn/dqml.asp

……2008-07-03 取自 http://journal.psych.ac.cn/xuebao/cn/dqml.asp

5.4 常见文献示例

5.4.1 期刊论文

1. 一个著者

张三 . (2008). 中国心理学的过去与未来 . *心理学报* , *40*, 210–215.

2. 两个著者

张三 , 李四 . (2008). 中国心理学的过去与未来 . *心理学报* , *40*, 210–215.

Mou, W., & McNamara, T. P. (2002). Intrinsic frames of reference in spatial memory. *Journal of Experimental Psychology: Learning, Memory, and Cognition*, *28*, 162–170.

注意：英文书写的两个著者之间用“&”连接。

3. 3 至 7 个著者

赵一，钱二，孙三，李四，周五，吴六，郑七. (2008). 中国心理学的过去与未来. *心理学报*, *40*, 210–215.

Mou, W., Zhang, K., & McNamara, T. P. (2004). Frames of reference in spatial memories acquired from language. *Journal of Experimental Psychology: Learning, Memory, and Cognition*, *30*, 171–180.

注意：英文书写的最后两个著者之间用“&”连接。中文著者之间不需要用“&”。

4. 8 个及更多著者

赵一，钱二，孙三，李四，周五，吴六，... 王八. (2008). 中国心理学的过去与未来. *心理学报*, *40*, 210–215.

Wolchik, S. A., West, S. G., Sandler, I. N., Tein, J., Coatsworth, D., Lengua, L., ... Woods, P. (2002). An experimental evaluation of theory-based mother and mother-child programs for children of divorce. *Journal of Consulting and Clinical Psychology*, *68*, 843–856.

注意：第六位和最后一位著者之间用英文省略号（英文的 3 个点号）。

5. 已被接受还未印刷出版的论文

张三，李四. (印刷中). 中国心理学的过去与未来. *心理学报*.

注意：如果相同著者、相同时间的两篇或多篇论文都等待出版，则后面加 a，b，c 等来区分，如“印刷中 a”，“印刷中 b”。英文用“in press”。两篇或多篇相同著者和相同出版时间，用“in press-a”，“in press-b”。

6．增刊

张三 . (2008). 中国心理学的过去与未来 . *心理学报* , *40* (增刊), 210–215.

注意：英文用 Suppl. 字体为正体。如果一年或一卷中有多本增刊，则需加阿拉伯数字区分，如写“增刊 1”、“增刊 2”或“Suppl. 1”，“Suppl. 2”。

7．年刊

如 Annual Review of Psychology 是年刊，仍视同期刊。但如果每年的年刊有不同的主题，则视同图书系列或书中的章节。

8．二手文献

尽可能地避免使用二手文献。

如果实在找不到原始文献，则在文献列表中给出二手文献。正文引用中，提及原始文献，在括号中标注二手文献作为文献引用标志。如张三的研究被李四引用，而你并没有读张三的研究，但引用了张三的研究，则应在正文中提及两个研究，在文献列表中只写李四的研究作为文献。例如：

正文引用写：张三的研究（引自李四，1998）。

文献列表写：李四 . (1998). ……

9．互联网上查到的期刊论文

基于印刷版的电子期刊论文，需在文题后的方括号内加注 Electronic version. 或“电子版”。

属网络期刊（无纸质印刷）的论文，需给出获取日期和网址。

5.4.2 图书及其中的章节

1．著者自己著的书

张三 . (2008). *心理学史* . 北京：未名出版社 .

2．编者编的书

需在编者姓名后的括号中加“编”或“主编”。

英文中，一个著者加 Ed. 两个著者或以上加 Eds.

张三 (主编). (2008). *心理学史* . 北京：未名出版社 .

Gibbs, J. T., & Huang, L. N. (Eds). (1991). *Children of color: Psychological interventions with minority youth.* San Francisco: Jossey-Bass.

3．翻译的书

译者姓名写在书名后面的括号中。

原著的出版时间写在末尾的括号中。

正文引用中给出原著出版时间和翻译时间，用斜杠隔开。

Laplace, P.-S. (1951). *A philosophical essay on probabilities* (F. W. Truscott, & F. L. Emory, Trans.). New York: Dover. (Original work published 1814)

拉普莱斯 , P.-S. (1951). *概率哲学* (张三，李四 译). 北京：未名出版社 .

正文引用时注明“(Laplace, 1814/1951)”。

4．论文集中的论文或书的章节

为区分著者和编者，著者姓前名后，编者姓后名前。中文的编者仍是姓前名后。

需在书名后给出论文的或章节的页码范围。如：

Klatzky, R. L. (1998). Allocentric and egocentric spatial representations: Definitions, distinctions, and interconnections. In C. Freksa, C. Habel, & K. F. Wender (Eds.), *Lecture notes in artificial intelligence: Vol. 1404: Spatial cognition: An interdisciplinary approach to representing and processing spatial knowledge* (pp. 1–17). Berlin, Germany: Springer-Verlag.

如果书或论文集有多卷 (册)，需给出卷 (册) 号。如：

Wang, D. F., & Cui, H. (2004). Theoretical analysis of the seven factor model of Chinese personality. In D. F. Wang & Y. B. Hou (Eds.), *Selected papers on personality and social psychology* (Vol. 1, pp. 46–84). Beijing: Peking University Press.

王登峰，崔红 . (2004). 中国人“大七”人格结构的理论分析 . 见 王登峰，侯玉波 (编). *人格与社会心理学论丛 (一)* (pp. 46–84). 北京：北京大学出版社 .

如果是系列丛书，整个丛书有主编，每个分册还有主编，则需在编者姓名后注明 Series Ed. 或丛书主编及 Vol. Ed. 或分册 (分卷) 主编。如：

Auerbach, G. L. (in press). The origins of narcissism and narcissistic personality disorder: A theoretical and empirical reformulation. In J. L. Masling (Series Ed.) & M. F. Bornstein (Vol. Ed). *Handbook of child psychology: Vol. 4. Socialization, personality, and social development* (4th ed.). New York: Wiley.

如果仅是一个论文摘要集，则需在文题后方括号内加注“Abstract”或“摘要”。

5. 未正式出版的会议论文

应写会议时间、会议地点和会议名称。

Lichstein, K. L., & Johnson, R.S. (1990, June). Relaxation therapy for polypharmacy use in elderly insomniacs and noninsomniacs. In T. L. Rosenthal (Chair), *Reducing medication in geriatric populations*. Symposium conducted at the meeting of the First International Congress of Behavioral Medicine, Uppsala, Sweden.

Lanktree, C., & Briere, J. (1991, January). *Early data on the Trauma Symptom Checklist for Children (TSC-C)*. Paper presented at the meeting of the American Professional Society on the Abuse of Children, San Diego, CA.

Ruby, J., & Fulton, C. (1993, June). *Beyond redlining: Editing software that works*. Poster session presented at the annual meeting of the Society for Scholarly Publishing, Washington, DC.

6. 团体著者且是出版者

出版社名称用“Author”。

Australian Bureau of Statistics. (1991). *Estimated resident population by age and sex in statistical local areas, New South Wales, June 1990* (No. 3209.1). Canberra, Australian Capital Territory: Author.

7. 不同版本

第 1 版不写。修订版中文写“修订版”，英文写“Rev.”“ ed.”。版本字体为正体。

Mitchell, T. R., & Larson, J. R., Jr. (1987). *People in organizations: An introduction to organizational behavior* (3rd ed.). New York: McGraw-Hill.

8. 百科全书或大辞典

必要时需给出页码。

Bergmann, P. G. (1993). Relativity. In *The new encyclopedia Britannica* (Vol. 26, pp. 501–508). Chicago: Encyclopedia Britannica.

Sadie, S. (1980). *The new Grove dictionary of music and musicians* (6th ed., Vols. 1–20). London: Macmillan.

李行健（主编）. (2004). *现代汉语规范辞典* (p. 255). 北京：外语教学与研究出版社 / 语文出版社 .

9. 无著者或编者

把书名放在著者的位置。

文献列表排序按书名的第一个实词。

正文的引用中，可用书名或书名的前几个词作为引用标志。如：

现代汉语频率词典 . (1986). 北京：北京语言学院出版社 .

正文引用写“（现代汉语频率词典 , 1986）”。

10.《精神疾病诊断和统计手册》（DSM）

正文引用中，首次出现需给出协会名称和手册名称的全拼，随后引用的简写需用斜体。如“*DSM-IV-TR*（2000）”。

5.4.3 学位论文和报纸

1. 学位论文

著者姓，名 .（出版年份）. 学位论文题目（学位论文类型）. 学位论文单位，城市名 .

若学位论文单位中已包括城市名，则不需要列出。

例如：

Yu, L. (2000). *Phonological representation and processing in Chinese spoken language production* (Unpublished doctorial dissertation). Beijing Normal University.

余林 . (2000). *汉语语言产生中的语音表征与加工* (博士学位论文). 北京师范大学 .

邱颖文 . (2009). *遗传与语言学习* (博士学位论文). 华东师范大学，上海 .

注意：硕士论文为 master’s thesis。论文文题的字体为斜体。英文需加 Unpublished。

2. 报纸（日报）

张三，李四 .（2008-08-08). 中国心理学与奥林匹克 . *新华日报*，p2, 5–7.

3. 无著者的日报

中国心理学与奥林匹克 . (2008-08-08). *新华日报*，p2, 5–7.

注意：正文引用中直接用文题的第一个词语来标识，加引号，如（“中国”，2008）。

即使是 APA 的出版手册，也不可能穷尽所有文献类型。如果找不到对你需要引用的文献类型的著录说明，则可参照最接近的文献类型来书写。如果没有接近的文献类型可以参照，总的原则是提供的信息越多越好，如著者姓名、出版时间、文题或书名、出版者信息等，也就是要提供文献查阅所需要的那些必要信息。

5.5 常见问题

1）正文中引用的参考文献与正文后参考文献列表不一致。作者必须确保文中引用的文献可以在正文后的文献列表中找到；文献列表的文献必须在正文中引用。并且正文中的标注和参考文献列表的条目在拼写和日期上要相同。

2）把没有读过的文献列为参考文献。作者在著录参考文献时应实事求是。例如，如果作者读到的仅是某个数据库中的一篇摘要，并没有读期刊上发表的整篇论文，那么，所著录的参考文献就是某数据库中的一篇摘要。引用的这种标准程序可以确保参考文献的准确性、完整性，也方便研究者自己和其他读者的进一步查阅和核对。当然，还是建议作者尽可能阅读全文。

3）参考文献的错误书写。作者应对参考文献表中的所有信息负责。正确而完整的参考文献表是作者严谨的学术风格的体现，错误而残缺的参考文献表是作者粗心的标志。

4）文后的参考文献列表未按文献著者姓氏字母及出版时间排序。

5）文后参考文献表中著录项目不齐全。如缺少作者姓名，缺少期刊卷号或期号，不著录引文在原文献中的位置（页码）。

6）著者的名字没有简写。英文著者姓氏为全拼，后有逗号，名需缩写，首字母简写后有点号。

7）大小写问题。文章题目和书名，只有第一个单词的首字母需大写，其余为小写，特殊要求大写的单词除外。

8）刊名简写。刊名需给出全名，不要简写。

9）著录符号不符合要求。参考文献表中各著录项之间的符号是著录符号，不是标点符号，所以不要从标点符号的概念上去理解。如果说是标点符号，那也是英文标点符号，不是中文标点符号。所以，不能用中文逗号和句号，多数点号和逗号后需有空格。文献末尾有点号。

10）缺少斜体。每条文献都有斜体部分。期刊论文的刊名和卷号需斜体，但期号不要斜体。著作、论文集的书名需斜体。

11）书的页码位置不正确，需放在书名后面的括号中。

12）正文中文献引用标志不规范。引文标志作为句子成分，多个著者之间，中文用顿号，英文用逗号，最后两个著者之间用“和”；引文标志不是句子成分，而是放在引用处的括号中，这时，多个著者之间用逗号，最后两个著者之间英文用“&”，中文仍用逗号。注意：作为引文标志，仅两个著者时，第一著者后无逗号（但文后面的文献列表中仍需逗号），如正文中是“Zhang & Wang”，但在文后的文献列表中则写为“Zhang, & Wang”；3 个和 3 个以上著者，英文的最后两个著者之间用 &，倒数第二个著者后仍需逗号，如正文和文后的文献列表都写作“Zhang, Wang, & Li”。

第 *6* 章

论文的投稿和出版

6.1 论文的投稿

对一篇论文来说，虽然学术质量是第一位的，但是否符合写作规范也不容忽视。一篇符合出版要求、写作规范的论文能够给编辑和审稿人留下训练有素的良好印象，提高文章被接受的概率。这样的论文一旦被接受，编辑只需做很少工作，甚至无须加工就可以直接发排。如果一篇论文因为写作规范问题而反复修改，耽误论文发表甚至论文被拒，那就让人惋惜。因此，在论文写好准备投递前，一定要对照有关要求做认真的检查。

不同期刊对稿件的具体要求可能有所不同，因此，当你完成一篇论文准备投稿时，最好先详细了解一下所投期刊的要求，以免造成不必要的延误。对照期刊的具体要求，通常要核查以下方面。

6.1.1 论文的写作规范

本书的前几章都是有关论文写作规范的，为方便起见，把需要检查的项目汇总如下（参见 P156 附录 B）。

◎ 论文的各部分是否齐备？包括是否漏缺中英文摘要、关键词，标题等级是否连续，有无参考文献等。

◎ 论文题目是否恰当地反映了论文的内容？是否在 20 字以内？

◎ 摘要是否包括了问题、方法、结果、结论 4 个方面？长短是否合适？

◎ 关键词的选择是否恰当？至少需要 3 个关键词。

◎ 层次标题是否正确反映了文章的结构？

◎ 各级标题的命名是否合适？

◎ 如果论文中出现缩写词，这种缩写有无必要？如果必要，在第一次出现时有没有标明？当表格或插图中出现缩写词时，是否在表注或图注中有所说明？

◎ 字母的书写是否正确？是大写还是小写？是斜体还是正体？是希腊字母还是英文字母？

◎ 统计结果的表达是否规范？有没有遗漏必须提供的统计信息？

◎ 测量单位是否规范？

◎ 如果有表格，是否是三线表？表序和表题是否正确？表中每一项目栏是否都有栏目？竖线是否删除？

◎ 如果有插图，图序和图题是否正确？插图中的线条粗细、字体字号、符号是否符合规范？坐标轴有没有名称？有没有测量单位？

◎ 正文中引用的参考文献是否都列在后面的参考文献表中？参考文献表中所有的参考文献是否在正文中都被引用？

◎ 参考文献顺序排列是否正确？

◎ 参考文献表是否按规范的方法书写？其中的作者、文题、刊名、出版社、日期和页码等是否书写正确？所使用的著录符号是否正确？

◎ 英文摘要是否符合要求？期刊是否要求大摘要？

6.1.2 论文的排版

检查完论文的写作规范，接下来就需要检查论文排版的要求，应注意以下方面：

◎ 页面设置。纸张是否用 A4？多数期刊都要求 A4 纸打印。

◎ 行距、页边距。一般要求 1.5 倍或 2 倍行距，页边距需 2~3 cm。

◎ 字体、字号。为使编辑和审稿人能更容易看清文章的结构，文章标题、正文内各级标题、摘要、参考文献等需要用不同的字体、字号打印。正文字体一般用五号宋体，英文字体用 Times New Roman。图、表和参考文献用小五号或六号字体。

◎ 页码。最好在页面中插入页码。

◎ 插图要清晰、美观。

6.1.3 论文的投递

现在多数期刊都采用网络投稿，很少需要寄打印稿的。在投稿之前，需认真阅读所投期刊的投稿须知。

与期刊网站有关的问题有：

◎ 确认期刊网站的地址是否正确。现在网络上有很多代写论文的非法网站，新手有可能上当。

◎ 熟悉投稿系统的操作。国内多数期刊（《心理学报》《心理科学》《心理科学进展》《心理发展与教育》《心理与行为研究》）采用的是玛格泰克公司开发的稿件处理系统，也有的期刊（《心理学探新》）采用三才公司开发的系统。这些网站的操作大致相似。

◎ 作者注册。新投稿的作者首先要到所投期刊网站上注册，获得一个用户名和密码。这个用户名和密码要记住，以后稿件修改、再投稿甚至审稿都需要。不要重复注册，如果同一个作者在系统里有多个用户名和密码，就会带来混乱。

◎ 电子邮件是作者与编辑部沟通的主要渠道，所以注册时填写的电子邮件必须是常用且稳定的。

◎ 通讯作者与联系作者。一般来说，通讯作者是指文章发表后，论文的相关事宜可以联系的人。如果是学生投稿，通讯作者一般是导师，因为导师的单位、地址相对比较稳定。联系作者一般是指稿件处理过程中需要联系的作者。如果投稿全程都是导师操作的，那导师作为联系作者没有问题，以后与稿件相关的修改都会与导师联系，再由导师给学生分配任务。但有的是学生投稿，写作、修改都由学生自己完成，导师太忙，没时间参与投稿或稿件修改，这时如果把导师作为联系作者就可能误事。

用自己的用户名和密码进入投稿系统后，需完成多个步骤的操作，如粘贴中英文题目、摘要、关键词，填写其他作者及身份，稿件类型、基金、推荐或回避审稿人、参考文献等。上传的稿件电子文档是要在编辑、审稿人、编委、主编之间流转，电子文档是否符合期刊要求至关重要。

◎ 作者信息的处理。如果期刊审稿采用盲审，那么电子文档中不能出现作者姓名、工作或学习单位及其他暴露作者身份的相关信息，如基金号。

◎ 文档中是否需要包括论文自检报告？有的期刊需要作者对投稿的创新性、相关背景等写一个说明，包括没有一稿多投、研究伦理、保密等方面的保证。

◎ 调查问卷或量表。如果研究过程中采用了调查问卷或量表，那就需要把问卷或量表附在论文后面，供审稿人在审查论文时参考。

◎ 网上投稿完成后，编辑部将对所投稿件进行初步审查，如果没有问题，则会给这篇稿件分配一个稿号。如果有问题，则可能驳回修改重投，也可能直接退稿。

◎ 网上投稿后，是否需要寄版权转让协议之类的文件，不同期刊有不同要求。

◎ 稿件投递后的查询。无论论文被拒绝还是被接受，编辑部一般都会通知作者。因为投递论文都需要经过审查，所以投递论文后不可能马上就接到通知。但如果 3 个月没有接到通知，就应该向编辑部询问。有时可能是编辑部已经给作者发去通知，由于网络原因，作者并没有收到通知。这时，作者更应该主动与编辑部联系，以免双方造成误会。如果是审稿人还没有审回，编辑部会给审稿人发催稿通知。

◎ 对审稿的特殊请求。如果作者对审稿人有特殊要求，可以向编辑部提出，如由于学术观点的不同要求回避某个审稿人。还可以向编辑部说明作者正在从事的领域有哪些专家，以便编辑部选择合适的审稿人。当然，作者的意见仅供参考，编辑部也可能把你的稿件送给其他的审稿人审查。

6.2 稿件的评审与修改

编辑部收到作者投递的论文稿件后，都按一定的程序进行处理。尽管每个期刊对稿件的处理过程都不尽相同，但都包括来稿登记、稿件审查、排版、清样校阅、印刷出版几个环节。图 1 是《心理学报》编辑部对稿件的处理流程，由此可以说明各期刊对稿件处理的一般流程。

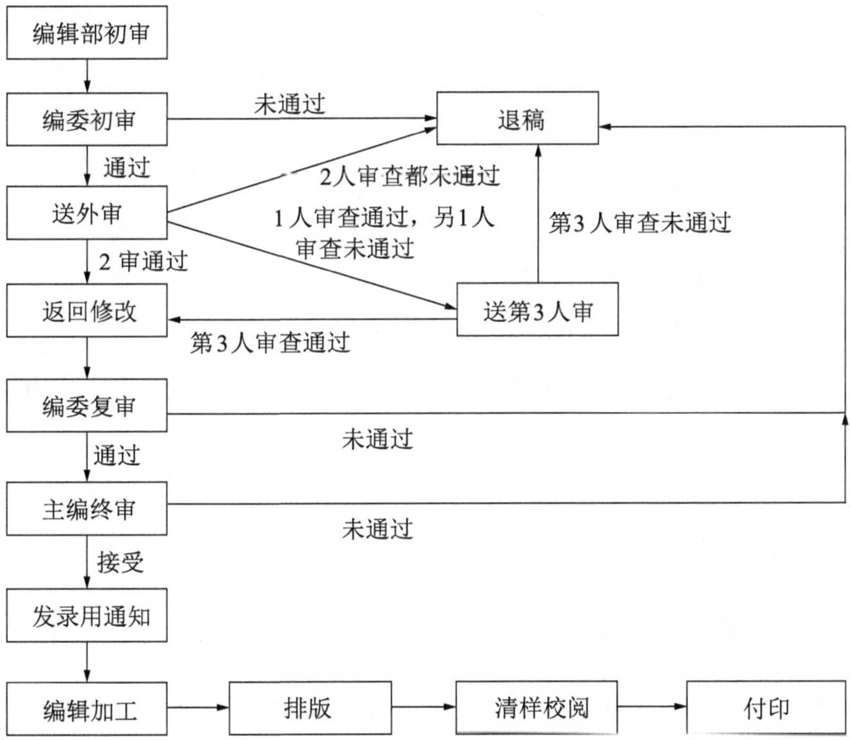

图1　《心理学报》的稿件处理流程

6.2.1 论文的评审

作者投递的论文稿件都需要审查，多数期刊都执行三审制。所谓三审制就是编辑部初审、专家二审、主编终审。但各期刊在执行的时候，形式上可能有所不同。如有的期刊在二审时只请本单位的专家审查，没有送外审；有的期刊在编委会的基础上实行主编终审，有的则不开编委会；也有的期刊把专家外审和编委会讨论合二为一，只开编委会来决定稿件的录用与否。

编辑部对来稿进行初审，如果来稿与期刊宗旨不符，或者水平太低，就会被直接退稿；如果稿件符合送审要求，但还不符合投稿要求（如格式不符合期刊要求、没有附上相关的调查问卷或量表等），编辑部将通知作者补寄相关材料或对初稿进行修改；如果符合投稿要求，编辑部将把来稿送相关领域的专家进行审查。

相关领域的专家审查是二审。外审专家将根据期刊要求对稿件进行评审。一般来说，外审专家都会给稿件提出各种各样的修改意见或建议，也有可能请作者回答某些问题。所以，几乎所有的投稿都需要进行修改。

编委会是由编辑部组织，编委参与，定期召开的稿件讨论会议。由于每个编委都是各领域的专家权威，这些专家坐在一起，利用每个人的专业优势，从各自不同角度对稿件进行认真、充分的讨论。召开编委会既是提高稿件质量必不可少的环节，也是对稿件进行民主裁决的过程。

主编（或责任主编）终审针对的是在初审、二审和编委会上审查通过的稿件，数量通常比较多。主编终审需要从更大的范围来考虑稿件，如每一期稿件中各专业稿件的布局、稿件是否有政治性错误、争议较大的稿件的最终裁决、属于研究热点的论文是否需要优先发表等。

6.2.2 论文的修改

经过审查，除直接被接受或被拒绝外，多数论文都需要修改，甚至需要多次修改。修改意见包括论文格式和论文内容两方面。有时是文字叙述、论文格式上的错误，这种修改比较简单；有时则需要对论文做大幅度的修改，如对数据重新分析、重新解释实验结果、补充实验、重做实验等，甚至要求换一个角度重写全文。

需要强调的是，作者返回修改稿时，一定要有修改说明。需要针对审稿人的问题逐条回答。

一个标准的修改说明应该包括 4 层含义：①要说明你对审稿意见是如

何理解的。让审稿人知道你对审稿意见的理解是否到位。②要针对审稿人提出的问题进行说明。如果是文章的问题，要交代清楚为什么出现相应的问题，这样的问题在修改稿中是如何修改的，修改的道理何在。③对于修改不了的问题，要做出解释，阐述自己是如何考虑的，主动跟审稿人进行交流。④要告诉审稿人，修改稿中你的修改在什么地方，以方便审稿人审阅。

需要从方便审稿人的角度来写修改说明，除概括性的说明外，还需针对具体的修改进行说明，不好说明的文字修改可以用不同颜色来标记。千万不要只回答“已改”，作者自己清楚，但审稿人不知道你到底改了没有或者改了哪里。审稿人不会去到正文里逐字寻找你修改的地方，更没有时间把修改稿与原稿进行对照，最终导致稿件审查的延误。

收到修改通知并不等于论文被接受。论文修改后，还需要经过编委会讨论或主编终审。只有在编委会上讨论通过或主编终审通过的稿件，编辑部才会发出用稿通知。

6.3 清样的校阅

稿件被录用后，编辑部会给作者发录用通知，要求作者提供最终版本的完整电子文档，包括作者姓名、工作单位、基金支持、通讯作者等。编辑部针对录用稿做最后的编辑加工、文献校对等，然后送去排版。排版后的清样再返回给作者进行校对确认。

作者提供正确的电子文件并不能保证清样的正确。作者最常用的文字处理软件是 Word 或 WPS，属于办公软件，而出版印刷的专业软件是北大方正的飞腾、书版或华光等。这两类软件之间目前还不能做到完全的转换。期刊排版人员一般是把编辑部提供的电子文件转换成文本文件后，再在出版用的排版软件中重新排版，所以原先的格式，如字体、字号、上下标等，全部消失。有些特殊字符，如希腊字母或罗马字母，可能会变为一些怪符号。而表格则是重新录入，插图也需经过转换或重新绘制，所以表格和插图更需要认真校对。

即使期刊用 Word 排版，根据作者提供的 Word 文档直接粘贴，也不能保证内容绝对正确。一般的文字不会出错，除非作者原稿就有错，但也不排除排版人的误操作而导致的添字漏字现象。而对那些需要重新调整的特殊字符、公式、表格等，由于排版人的因素而导致错误的概率就更大一些。

6.3.1 校对方法

校对是对照原稿核查清样是否有错误的过程。常见的校对方法是折校，即把原稿放在桌子正前方，清样夹在双手的大拇指、食指与中指间，压在原稿上校对，与原稿逐字对照检查，校一行，折一行。这是最原始也是最稳妥的校对方法。如果有他人帮忙，也可以采用读校的方法，即一人读原稿，一人看清样。当然，认真地通读清样，也是可以考虑的一种临时的办法。

6.3.2 校对常用符号以及示例

详见 P173 附录 C。

6.3.3 清样校阅的要求

清样校阅的首要原则是尊重原稿，所以，对清样的改动是有限制的。除非是重要的错误或参考文献的更新，尽量不要大段修改论文。清样校阅并不是让你重写论文。

如果发现与原稿有不一致的地方，就要判断是排版错误还是编辑的改动。排版错误当然要更正。对于编辑的改动，如果有不同意见，可以在寄回清样时与编辑商量。一般来说，编辑们都会尊重作者的意见。

对清样的改动有时需要付出很高的代价，即使只改动几个字，也可能会牵涉到整个版面的变化，所以在增删文字时应尽可能地使整个版面保持不变。如果是图的改动，则需要重新制图，把改好的图和电子文件随清样一起寄回。

作者收到清样后，应在一两天内把清样校完寄回。期刊的印刷都有一定的时间限制，如果清样不能及时返回或改动过多，都将会延迟文章的发表时间。

6.4 期刊出版

期刊都有自己固定的出刊日期。不能按期出刊是期刊的一大事故，既有可能被出版管理部门处罚，也可能被邮局罚款。

编辑部在收到作者的清样后，将按照栏目、内容等顺序编排，确定整期内容。印刷厂在印制期刊时，是把很多页的内容印制在一张大纸上再裁切。如果页码内容不能填满这张大纸，则空白的地方会被裁掉，造成浪费。为节约纸张，一般都要求整期页码是 16 的倍数。我们通常说的 16 开，就是把一张大纸裁成 16 张小纸。编辑部为了凑齐整期页码为 16 的倍数，就要从清样中挑选页码合适的稿件，所以，清样上的期数并不代表文章一定发在那一期上，有可能被调整（提前或滞后出版）。

6.5 论文写作与出版的伦理道德

期刊出版的风格无所谓正确还是错误，仅仅是一种便于同行交流信息的规定而已。不同学科有不同的风格，但基本的伦理道德是一致的。论文写作的伦理道德是一个原则性问题，反映了一个人的科学操守。写作伦理道德的遵守是为了两个目标：①保证科学知识的准确性；②保护知识产权。

2009 年《教育部关于严肃处理高等学校学术不端行为的通知》把学术不端分为：①抄袭、剽窃、侵吞他人学术成果；②篡改他人学术成果；③伪造或者篡改数据、文献，捏造事实；④伪造注释；⑤未参加创作，在他人学术成果上署名；⑥未经他人许可，不当使用他人署名；⑦其他学术不端行为。其中①②属于剽窃，③④属于伪造问题，⑤⑥属于署名问题。也可以从以下五方面来说明。

6.5.1 实事求是地报告研究结果

科学方法的本质是能够被他人重复和验证，所以应该如实地报告研究过程和研究结果，不应伪造数据或篡改结果以支持原先提出的理论假设，也不应忽略研究中的错误。例如，实际被试多少人，有效被试多少人；实际观测数据有多少，参与统计处理的有效数据有多少，哪些极端数据被删除，为什么要删除……这些都应在报告中如实地说明。研究者不应为了所谓研究的“漂亮”而忽略一些无效的数据，更不应该删除那些不利于研究假设但却是有效的数据。如果做了 5 个实验，只有 3 个实验比较理想，虽然研究结果只包含了 3 个实验的结果，但在研究报告中也要说明是做了 5 个实验而不是 3 个实验。

严谨认真地准备稿件是投稿的基本要求，但有时错误还是难以避免，编辑部不能保证所发表的文章没有任何错误。如果论文出版后发现错误，作者有责任与有关的期刊编辑部、数据库联系，以便及时做出更正。

6.5.2 剽窃

在论文写作中，如果直接引用其他研究者的原话，应该把原话用引号括起来，并注明出处；对其他研究者的思想的重新阐释，也应注明出处。关键是不要把别人的思想或工作当做自己的。尤其是在研究报告的问题提出和讨论部分以及综述性文章中，当引用或参考他人的思想或工作时，一定要注明出处，在文后的参考文献表中列出来。这不仅是对他人劳动的尊重，也对心理学的健康发展起到非常重要的作用。如果所有的论文都不注明出处，势必会给整个研究领域带来混乱，读者（包括作者自己）也就无法知道某个研究思想的源头在哪里。

在研究中**引用他人的资料**时，应注意以下几点：

◎ 直接引用少于 40 个字用引号；
◎ 多于 40 个字应另起一段；
◎ 引用要忠实原文，即使原文是错误的；
◎ 省略部分用省略号；
◎ 额外的解释放在括号内；
◎ 不要忽略引用中的引用，但在参考文献中不必列出。

6.5.3 论文的署名

论文作者不仅是执笔人，还包括那些对研究做出过实质性科学贡献的人，他们可能参与提出问题假设、构思实验设计、统计分析、结果解释及文章主要部分的写作。对于辅助人员（如设计或制造仪器、统计分析的建议、数据收集或录入、调试计算机程序、找被试或观察动物等）没有必要列入作者名单，但应在正文后的致谢栏里注明。承担日常性事务的人也不应列入作者名单。

论文署名的基本原则是按贡献的大小排序。在有多个研究者参与的合作研究项目中，合作者之间应该事先商定好研究的分工、谁有论文署名权以及署名的先后。

在论文中所有署名的作者都应对文章的准确性负责，所以，在论文投递前，每个作者都应认真审阅。一旦论文被接受，有的期刊还要求每个作者都应签名确认。

6.5.4 论文的重复发表

论文的重复发表似乎提供了更多的信息，而实际上却是对宝贵资源（期刊版面、编辑和审稿人的劳动）的一种浪费。论文的重复发表还会导致版权纠纷。作者在投稿的同时，等于默认把论文的专用使用权转让给编辑部或其他出版机构。但不能同时把专用使用权转让多家。

已经发表过的论文不应再投稿。以简报形式在期刊上发表的论文也不能扩充全文后重新发表。但以摘要形式（如会议摘要）或在狭小范围内传播的非正式出版物（如某机构的年报）上刊出，这种做法是允许的。

不应为提高命中率而一稿多投。如果在 3 个月内没有接到编辑部对稿件的处理通知，作者有权把稿件再投向其他期刊，但在投递前应通知原先投稿的期刊。

为防止论文的重复发表，作者在投稿时，还须通知编辑有哪些类似的相关文章在何处发表或被何处接受、正准备向何处投稿，以便编辑做出适当的判断。如果发现违规，则将被无条件退稿，并被存档备案，这将影响作者以后的投稿信誉。

尽可能地节约期刊资源也是作者应尽的义务。研究结果应尽可能地写成一篇论文，以提高信息交流的效率。不赞成把一个研究拆成多篇文章发表。把一个研究拆成多篇文章发表的作者应向编辑说明，如果编辑要求知道详细情况，作者应提供。

禁止拆分发表并不包括根据新的理论和方法对已发表过的数据进行重新分析。特别是在时间跨度大的纵向研究中，发表多篇研究报告是必要的，也是适当的。但基于纵向研究发表的多篇研究报告，应引用以前的研究报告，以便读者进行准确的评价。

有时期刊文章经修改后成为一本书的一个章节，作者有责任向读者说明这一部分在何处发表，并作为参考文献列入。如果存在版权问题，还须得到出版者的许可。

6.5.5 原始数据的保存

在审稿和出版过程中，如果编辑或审稿人对研究数据的准确性或统计方法提出质疑，作者应随时能够提供原始数据。所以在文章发表之后，作者还应把原始数据(包括原始的调查问卷、研究程序等原始资料)保存 5 年以上，以备他人查证或重复分析。

第 7 章

《科学技术报告、学位论文和学术论文的编写格式》简介

7.1　引言

1987 年，我国国家标准局发布了《科学技术报告、学位论文和学术论文的编写格式》(GB 7713−1987)，对于科学技术报告、学位论文和学术论文的编写格式作出了规范化的明确规定。该标准由全国文献工作标准化技术委员会提出，由全国文献工作标准化技术委员会第七分委员会负责起草。标准主要起草人为谭丙煜。

科学技术报告、学位论文和学术论文的编写格式必须科学化、规范化和标准化。这样才能促进科研成果的交流。

由于 GB 7713−1987 是国家标准，所以广大的科研工作者在撰写科学技术报告、学位论文和学术论文的编写格式必须要遵循。

7.2　制定 GB 7713−1987 的目的及其适用范围

7.2.1　目的

GB 7713−1987 指出制定该标准的目的有二：①为了统一科学技术报告、学位论文和学术论文的撰写和编辑的格式；②便利信息系统的收集、存储、处理、加工、检索、利用、交流、传播。

7.2.2 适用范围

GB 7713-1987 的适用范围比较广。具体来说包括：

1）报告、论文的编写格式，包括形式构成和题录著录。

2）报告、论文及其撰写、编辑、印刷、出版等。

3）报告、论文可以是手稿，包括手抄本和打字本及其复制品；也可以是印刷本，包括发表在期刊或会议录上的论文及其预印本、抽印本和变异本。

4）作为书中一部分或独立成书的专著。

5）缩微复制品和其他形式。

6）适用于其他科技文件，如年报、便览、备忘录等，也适用于技术档案。

7.3 科学技术报告、学位论文和学术论文的界定

7.3.1 科学技术报告的定义

GB 7713-1987 对科学技术报告的定义是：①描述一项科学技术研究的结果或进展或一项技术研制试验和评价的结果，或是论述某项科学技术问题的现状和发展的文件；②为了呈送科学技术工作主管机构或科学基金会等组织或主持研究的人等；③报告中一般应该提供系统的或按工作进程的充分信息，可以包括正反两方面的结果和经验，以便有关人员和读者判断和评价，以及对报告中的结论和建议提出修正意见。

7.3.2 学位论文的定义

GB 7713-1987 对学位论文的定义是：表明作者从事科学研究取得创造性的结果或有了新的见解，并以此为内容撰写而成、作为提出申请授予相应的学位时评审用的学术论文。

按照我国学位授予分为学士学位、硕士学位和博士学位三种类型，对应的论文也有三种，分别是学士论文、硕士论文和博士论文。

学士论文应能表明作者确已较好地掌握了本门学科的基础理论、专门知识和基本技能，并具有从事科学研究工作或担负专门技术工作的初步能力。

硕士论文应能表明作者确已在本门学科上掌握了坚实的基础理论和系统的专门知识，并对所研究课题有新的见解，有从事科学研究工作并独立担负专门技术工作的能力。

博士论文应能表明作者确已在本门学科上掌握了坚实宽广的基础理论和系统深入的专门知识，并具有独立从事科学研究工作的能力，在科学或专门技术上做出了创造性的成果。

7.3.3 学术论文的定义

GB 7713-1987 将学术论文定义为：①某一学术课题在实验性、理论性或观测性上具有新的科学研究成果或创新见解和知识的科学记录；②某种已知原理应用于实际中取得新进展的科学总结，用以提供学术会议上宣读、交流或讨论；③在学术刊物上发表；或作其他用途的书面文件。

对于学术论文总体要求是应提供新的科技信息。其内容的要求是应有所发现、有所发明、有所创造、有所前进，而不是重复、模仿、抄袭前人的工作。

7.4 编写要求

GB 7713-1987 提出报告、论文的编写要求是：

1）报告、论文的中文稿必须用白色稿纸单面缮写或打字；外文稿必须用打字。可以用不褪色的复制本。

2）报告、论文宜用 A4（210 mm × 297 mm）标准大小的白纸提交，应便于阅读、复制和拍摄缩微制品。

3）报告、论文在书写、扫字或印刷时，要求纸的四周留足空白边缘，以便装订、复制和读者批注。每一面的上方（天头）和左侧（订口）应分别留边 25 mm 以上，下方（地脚）和右侧（切口）应分别留边 20 mm 以上。

根据已有经验，我国作者在提交报告、论文时常见的不足是：

第一，提交的报告、论文，每一页不留出足够的空间。

第二，常采用单倍行距打印，不是采用双倍行距打印。

7.5 编写格式

GB 7713-1987 要求采用阿拉伯数字分级编号。这一点需要特别注意。

7.5.1 前置部分

1. 封面

封面的作用。GB 7713-1987 指出，封面是报告、论文的外表面，提供应有的信息，并起保护作用。封面不是必不可少的。学术论文如作为期刊、书或其他出版物的一部分，无需封面；如作为预印本、抽印本等单行本时，可以有封面。

封面上包括下列内容。

（1）分类号

在左上角注明分类号，便于信息交换和处理。一般应注明《中国图书资料类法》的类号，同时应尽可能注明《国际十进分类法 UDC》的类号。

（2）本单位编号

本单位编号一般标注在右上角。

例如，天津师范大学的单位编号是 10065。对于学术论文，则不必要填写。

（3）密级

一般根据报告、论文的内容，按国家规定的保密条例，在右上角注明密级。如系公开发行，不注密级。

作者一定要注意，要提交发表和提交报告、论文前，一定要向单位咨询自己所研究的内容是否涉密。如果研究内容是涉密的，一定要在报告、论文的密级中写清楚。

（4）题名和副题名或分册题名

报告、论文的题名等内容要用大号字标注于明显地位。

（5）卷、分册、篇的序号和名称

报告、论文如果是全一册，无需此项。

（6）版本信息

需要给出草案、初稿、修订版……等。如果是初版，无需此项。

（7）责任者姓名

GB 7713-1987 指出责任者包括报告和论文的作者、学位论文的导师、评阅人、答辩委员会主席及学位授予单位等。

必要时可注明个人责任者的职务、职称、学位、所在单位名称及地址；如责任者系单位、团体或小组，应写明全称和地址。

在封面和题名页上，或学术论文的正文前署名的个人作者，只限于那些对于选定研究课题和制订研究方案、直接参加全部或主要部分研究工作并作出主要贡献，以及参加撰写论文并能对内容负责的人，按其贡献大小排列名次。至于参加部分工作的合作者、按研究计划分工负责具体小项的工作者、某一项测试的承担者，以及接受委托进行分析检验和观察的辅助人员等，均不列入。这些人可以作为参加工作的人员一一列入致谢部分，或排于脚注。

如责任者姓名有必要附注汉语拼音时，必须遵照国家规定，即姓在名前，名连成一词，不加连字符，不缩写。

（8）申请学位级别

在封面上写申请学位级别时，应按《中华人民共和国学位条例暂行实施办法》所规定的名称进行标注。

（9）专业名称

在封面上写的专业名称，是指学位论文作者主修专业的名称。

（10）工作完成日期

GB 7713-1987 指出，工作完成日期包括报告、论文提交日期，学位论文的答辩日期，学位的授予日期，出版部门收到日期（必要时）。

（11）出版项

GB 7713-1987 指出，出版项是指出版地及出版者名称，出版年、月、日（必要时）。

2. 封二

报告的封二可标注：①送发方式，包括免费赠送或价购，以及送发单位和个人；②版权规定；③其他应注明事项。

3. 题名页

GB 7713-1987 对题名页码的规定是：

第一，题名页是对报告、论文进行著录的依据。

第二，需要指出的是，学术论文无需题名页。

第三，题名页置于封二和衬页之后。

第四，报告、论文如分装两册以上，每一分册均应各有其题名页。在题名页上注明分册名称和序号。

第五，题名页除 7.5.1 中“封面”规定应有的内容并取得一致外，还应包括下列各项：①单位名称和地址；②在封面上未列出的责任者职务、职称、学位、单位名称和地址；③参加部分工作的合作者姓名。

4. 变异本

报告、论文有时适应某种需要，除正式的全文正本以外，要求有某种变异本。常见的变异本有节本、摘录本、为送请评审用的详细摘要本、为摘取所需内容的改写本等。变异本的封面上必须标明“节本、摘录本或改写本”字样，其余应注明项目参见 7.5.1 的规定执行。

5. 题名

(1) 题名的具体要求

第一，题名是以最恰当、最简明的词语反映报告、论文中最重要的特定内容的逻辑组合。

第二，题名所用的每一词语必须考虑到有助于选定关键词和编制题录、索引等二次文献，可以提供检索的特定实用信息。

第三，题名应该避免使用不常见的缩略词、首字母缩写字、字符、代号和公式等。

第四，题名一般不宜超过 20 字。

第五，当报告、论文用作国际交流时，应有外文（多用英文）题名。外文题名一般不宜超过 10 个实词。

第六，题名在整本报告、论文中不同地方出现时，应完全相同，但眉题可以节略。

(2) 有副题名的情况

第一，题名语意未尽，用副题名补充说明报告论文中的特定内容。

第二，报告、论文分册出版，或是一系列工作分几篇报道，或是分阶段的研究结果，各用不同副题名区别其特定内容。

第三，其他有必要用副题名作为引申或说明者。

6. 序或前言

第一，GB 7713-1987 指出“序”并非必要。

第二，报告、论文的序，一般是作者或他人对本篇基本特征的简介，如说明研究工作缘起、背景、宗旨、目的、意义、编写体例，以及资助、支持、协作经过等；也可以评述和对相关问题研究阐发。这些内容也可以在正文引言中说明。

7. 摘要

GB 7713-1987 指出摘要的要求是：

第一，摘要是报告、论文的内容不加注释和评论的简短陈述。

第二，报告、论文一般均应有摘要。为了国际交流，还应有外文（多用英文）摘要。

第三，摘要应具有独立性和自含性，即不阅读报告、论文的全文，就能获得必要的信息。摘要中有数据、有结论，是一篇完整的短文，可以独立使用，可以引用，可以用于工艺推广。摘要的内容应包含与报告、论文同等量的主要信息，供读者确定有无必要阅读全文，也供文摘等二次文献采用。摘要一般应说明研究工作目的、实验方法、结果和最终结论等，而重点是结果和结论。

第四，中文摘要一般不宜超过 200~300 字，外文摘要不宜超过 250 个实词。如遇特殊需要字数可以略多。

第五，摘要中一般不用图、表、化学结构式、非公知公用的符号和术语，除非实在无变通办法。

第六，报告、论文的摘要可以用另页置于题名页之后，学术论文的摘要一般置于题名和作者之后、正文之前。

第七，学位论文为了评审，学术论文为了参加学术会议，可按要求写成变异本式的摘要，不受字数规定的限制。

8. 关键词

GB 7713-1987 对关键词内容强调以下几点：

第一，关键词是为了文献标引工作从报告、论文中选取出来用以表示全文主题内容信息款目的单词或术语。

第二，每篇报告、论文选取 3~8 个词作为关键词，以显著的字符另起一行，排在摘要的左下方。

第三，关键词应尽量用《汉语主题词表》等词表提供的规范词。

第四，为了国际交流，应标注与中文对应的英文关键词。

9．目次页

GB 7713-1987 对目次页的规定是：

第一，长篇报告、论文可以有目次页。

第二，如果是短文，则无需目次页。

第三，目次页由报告、论文的篇、章、条、附录、题录等的序号、名称和页码组成，另页排在序之后。

第四，整套报告、论文分卷编制时，每一分卷均应有全部报告、论文内容的目次页。

10．插图和附表清单

GB 7713-1987 对插图和附表清单的规定是：

第一，报告、论文中如图表较多，可以分别列出清单置于目次页之后。

第二，图的清单应有序号、图题和页码。

第三，表的清单应有序号、表题和页码。

11．符号、标志、缩略词、首字母缩写、计量单位、名词、术语等的注释表

GB 7713-1987 建议将符号、标志、缩略词、首字母缩写、计量单位、名词、术语等的注释说明汇集表置于图表清单之后。

7.5.2 主体部分

GB 7713-1987 认为主体部分是任何一篇报告、论文最为核心的部分。

1．格式

GB 7713-1987 规定，主体部分的编写格式要注意以下几点：

第一，格式可由作者自定，但一般由引言（或绪论）开始，以结论或讨论结束。

第二，主体部分必须另起一页，正面开始。

第三，每一篇（或部分）必须另页起。如报告、论文印成书刊等出版物，则按书刊编排格式的规定。

第四，全部报告、论文的每一章、条的格式和版面安排，要求划一，层次清楚。

2. 序号

GB 7713-1987 提出主体部分的序号要求是：

（1）报告、论文分成册的序号

如果报告、论文在一个总题下装为两卷（或分册）以上，或分为两篇（或部分）以上，各卷或篇应有序号，那么可以写成“第一卷、第二分册”或“第一篇、第二部分”等。

用外文撰写的报告、论文，其卷（分册）和篇（部分）的序号，用罗马数字编码。

（2）图、表、附注、参考文献、公式、算式的序号

在报告、论文中的图、表、附注、参考文献、公式、算式等，一律用阿拉伯数字分别依序连续编排序号。

序号可以就全篇报告、论文统一按出现先后顺序编码，对长篇报告、论文也可以分章依序编码。

对于图，为了便于区别，可以分别为“图 1”或“图 1.1”。

对于表，为了便于区别，可以分别为“表 1”或“表 1.1”。

对于附注，可以采用“(1)、(2)”。

对于参考文献，可以采用“[1]、[2]”。

公式可采用“式（1)、式（2.1)”。

（3）页码的序号

报告、论文一律用阿拉伯数字连续编页码。具体为：①页码由书写、打字或印刷的首页开始，作为第 1 页。②封面、封二、封三和封底不编入页码。

③可将题名页、序、目次页等前置部分单独编排页码。④页码必须标注在每页的相同位置，便于识别。⑤力求不出空白页。如有，仍应以有页作为单页页码。⑥如在一个总题下装成两册以上，应连续编页码。如各册有其副题名，则可分别独立编页码。

（4）附录的序号

报告、论文的附录，依序用大写正体 A、B、C……编序号，如附录 A。

附录中的图、表、式、参考文献等另行编序号，与正文分开，也一律用阿拉伯数字编码，但在数码前冠以附录序码，如图 A1、表 B2、式（B3）、文献 [A5] 等。

3．引言（或绪论）

GB 7713-1987 指出，撰写引言（或绪论）的具体要求是：

第一，引言（或绪论）简要说明研究工作的目的、范围、相关领域的前人工作和知识空白、理论基础和分析、研究设想、研究方法和实验设计、预期结果和意义等。

第二，引言在写作时应言简意赅，不要与摘要雷同，不要成为摘要的注释。

第三，如果是一般教科书中有的知识，则在引言中不必赘述。

第四，如果是比较短的论文，作者可只用小段文字起引言的效用。

第五，学位论文需要反映出作者确已掌握了坚实的基础理论和系统的专门知识，具有开阔的科学视野，对研究方案作了充分论证。因此，有关历史回顾和前人工作的综合评述，以及理论分析等，可以单独成章，用足够的文字叙述。

4．正文

（1）正文的地位

GB 7713-1987 对“正文”的地位强调了两点：①报告、论文的正文是核心部分。②报告、论文的正文要占主要篇幅。

（2）正文应包括的内容

GB 7713-1987 规定正文包括的内容是：①调查对象。在心理学报告和论文中常用“被试”。②实验和观测方法。③仪器设备。④材料原料。⑤实验和观测结果。⑥计算方法和编程原理。⑦数据资料。⑧经过加工整理的图、表。⑨形成的论点和导出的结论。

（3）对正文的总体要求

GB 7713-1987 规定正文的总体要求是：①必须实事求是。②客观真切。③准确完备。④合乎逻辑。⑤层次分明。⑥简练可读。

（4）正中文的图

第一，正文中图的类型。正文中的图包括曲线图、构造图、示意图、图解、框图、流程图、记录图、布置图、地图、照片、图版等。图应具有“自明性”，即只看图、图题和图例，不阅读正文，就可理解图意。

第二，图的序号。每一图应有简短确切的题名，连同图号置于图下。必要时，应将图上的符号、标记、代码，以及实验条件等，用最简练的文字，横排于图题下方，作为图例说明。

第三，曲线图。曲线图的纵横坐标必须标注“量、标准规定符号、单位”。此三者只有在不必要标明（如无量纲等）的情况下方可省略。坐标上标注的量的符号和缩略词必须与正文中一致。

第四，照片图。照片图要求主题和主要显示部分的轮廓鲜明，便于制版。如用放大缩小的复制品，必须清晰，反差适中。照片上应该有表示目的物尺寸的标度。

（5）正中文的表

第一，表的编排。一般是内容和测试项目由左至右横读，数据依序竖排。表应有自明性。

第二，表应编排序号。

第三，每一表应有简短确切的题名，连同表号置于表上。

第四，必要时应将表中的符号、标记、代码，以及需要说明事项，以最简练的文字，横排于表题下，作为表注，也可以附注于表下。

第五，表内附注的序号宜用小号阿拉伯数字并加圆括号置于被标注对象的右上角，如“×××①”)，不宜用星号“*”，以免相混。

第六，表的各栏均应标明“量或测试项目、标准规定符号、单位”。只有在无必要标注的情况下方可省略。

第七，表中的缩略语和符号，必须与正文中一致。

第八，表内同一栏的数字必须上下对齐。

第九，表内“空白”代表未测或无此项。

（6）数学式

GB 7713-1987 对数学式有以下规定：

第一，在正文中的公式、算式或方程式等应编排序号，序号标注于该式所在行（当有续行时，应标注于最后一行）的最右边。

第二，较长的公式，另行居中横排。如式必须转行时，只能在+，−，×，÷，<，>处转行。上下式尽可能在等号“=”处对齐。

例 1：

$$\begin{aligned} W(N_1) &= \mathrm{H}_{0.1} + \int_{\xi^{-1}}^{-\xi^{-1+1}} L_{ae}^{\gamma-2\tau 2aN_1} d_a \\ &= \mathrm{R}(N_0) + \int_{\xi^{-1}}^{-\xi^{-1}+1} L_a^{\gamma} e^{-2\tau iaN_1} d_a + O(P^{\gamma-n-\nu}) \ \ldots \end{aligned} \tag{1}$$

例 2：

$$\begin{aligned} f(x,y) = {} & f(0,0) + \frac{1}{1!}\left(x\frac{\partial}{\partial x} + y\frac{\partial}{\partial y}\right) f(0,0) \\ & + \frac{1}{2!}\left(x\frac{\partial}{\partial x} + y\frac{\partial}{\partial y}\right)^2 f(0,0) + \ \ldots \\ & + \frac{1}{n!}\left(x\frac{\partial}{\partial x} + y\frac{\partial}{\partial y}\right)^n f(0,0) + \ \ldots \end{aligned} \tag{2}$$

例 3：

$$\begin{aligned} -\frac{8\mu}{N_Z}\frac{\partial}{\partial S} lnQ = & -\left[\left(1 + \sum_{1}^{4} z_\nu\right) - \frac{2\mu}{z}\right] ln\frac{\theta_\alpha(1-\theta_\beta)}{\theta_\beta(1-\theta_\alpha)} \\ & + ln\frac{\lambda_\alpha}{\lambda_\beta} - z_1 ln\frac{\epsilon_1}{\zeta_1} + \sum z_\nu ln\frac{\epsilon_\nu}{\zeta_\nu} \\ & = 0 \quad \ldots \end{aligned} \tag{3}$$

（7）小数点

GB 7713-1987 规定小数点的写法是：

第一，小数点用“.”表示。

第二，大于 999 的整数和多于三位数的小数，一律用半个阿拉伯数字符的小间隔分开，不用千位撇。

第三，对于纯小数，应将 0 列于小数点之前。

例如，应写成 94 652.023 567，0.314 325，而不应写成 94,652.023,567，.314,325。

（8）计量单位

GB 7713-1987 规定，报告、论文中的计量单位必须采用 1984 年 2 月 27 日国务院发布的《中华人民共和国法定计量中位》，并遵照《中华人民共和国法定计量单位使用方法》执行。使用各种量、单位和符号，必须遵循国家标准的规定。单位名称和符号的书写方式一律采用国际通用符号。

（9）符号和缩略词

GB 7713-1987 规定，符号和缩略词应遵照国家标准的有关规定执行。如无标准可循，可采纳本学科或本专业的权威性机构或学术团体所公布的规定；也可以采用全国自然科学名词审定委员会编印的各学科词汇的用词。

如不得不引用某些不是公知公用的，且又不易为同行读者所理解的，或系作者自定的符号、记号、缩略词、首字母缩写字等时，均应在第一次出现时一一加以说明，给以明确的定义。

（10）结论

GB 7713-1987 对结论的要求有以下几点：

第一，报告、论文的结论是最终的、总体的结论。

第二，结论不是正文中各段的小结的简单重复。

第三，结论应该准确、完整、明确、精练。如果不可能导出应有的结论，也可以没有结论而进行必要的讨论。

第四，可以在结论或讨论中提出建议、研究设想、仪器设备改进意见、尚待解决的问题等。

（11）致谢

GB 7713-1987 指出，致谢要体现下列内容：

第一，在正文后对下列方面致谢：国家自然（社会）科学基金，资助研究工作的奖学金基金，合同单位，资助或支持的企业、组织或个人。

第二，协助完成研究工作和提供便利条件的组织或个人。

第三，在研究工作中提出建议和提供帮助的人。

第四，给予转载和引用权的资料、图片、文献、研究思想和设想的所有者。

第五，其他应感谢的组织或个人。

（12）参考文献表

GB 7713-1987 指出，参考文献表要按照《文后参考文献著录规则》（GB 7714-1987）的规定执行（编者注：有关国标已有更新版本，建议执行 GB/T 7714-2015《信息与文献参考文献著录规则》）。

第 8 章

中国心理学学术期刊简介

8.1 心理学报

主　　编：张侃　　　　　　　　国际刊号：ISSN 0439-755X

邮发代号：82-12　　　　　　　国内刊号：CN 11-1911/B

地　　址：北京市朝阳区林萃路16号院中国科学院心理研究所（100101）

编辑部负责人及联系电话：邱炳武，010-64850861

投稿网址：http://journal.psych.ac.cn

《心理学报》（Acta Psychologica Sinica），月刊，中国心理学会和中国科学院心理研究所主办，科学出版社出版，主要发表我国心理学家最新、最高水平的心理学科技论文。《心理学报》现任主编为张侃研究员，著名心理学家曹日昌、潘菽、徐联仓、匡培梓、林仲贤、陈永明、杨玉芳、林文娟曾任该刊主编。《心理学报》1956年创刊，1966年因“文革”而停刊，1979年复刊，至2015年底共出版47卷260期。2001年起由季刊改为双月刊。2008年起改为月刊。1989年以前，《心理学报》由中国心理学会主办；1989年以后由中国心理学会和中国科学院心理研究所共同主办；1995年以后，香港中文大学心理系成为《心理学报》的协办单位。

《心理学报》是“中国科技论文统计源期刊”（CSTPCD）、《中国科学引文数据库》（CSCD）来源期刊、《中国人文社会科学引文数据库》（CHSSCD）来源期刊、《中国学术期刊综合评价数据库》（CAJCED）来源期刊、“中国人文社会科学核心期刊”、“中文社会科学引文索引”（CSSCI）统计源期刊、《中国学术期刊文摘》源期刊，入选《中文核心期刊要目总览》（2014年）。作为反映我国心理学研究水平的主要窗口，《心理学报》不仅在中国心理学界享有较高的声誉，在国际上也有一定影响。该刊的文章摘要被美国出版的、在世界上有重要影响的 Psychological Abstract 和心理科学光盘（PsychINFO）所收录。

《心理学报》的稿件处理实行三审制，即编辑部初审、同行外审、编委会（主编）终审，但不同时期的三审形式有所变化。2005年前，编委会终审时，每篇稿件主要由一位编委负责。2005~2010年，编委会实行分组讨论形式，每篇稿件的录用与否由小组讨论决定。2011年起，实行编委负责制，三审制变为：编辑部和编委初审，同行外审和编委复审，主编终审（主编副主编轮流值班）。

《心理学报》2005年开始实行网络投稿和审稿，审稿过程透明，发表文章公开免费阅读，每期文章上线不晚于纸质期刊的出版。2014年1期起，在编辑部网站上公开已发表文章的审稿意见及作者回应，以便有更多的读者学习论文写作和修改，审稿人也可以学习如何审稿。

《心理学报》连续4年被中国知网评为“中国最具国际影响力学术期刊”（2012、2013、2014、2015），是全国符合遴选条件的1238种人文社科期刊中排名前5%的期刊，排名第三。

8.2 心理科学

主　　编：李其维　　　　　　　　国际刊号：ISSN 1671-6981

邮发代号：4-317　　　　　　　　国内刊号：CN 31-1582/B

地　　址：华东师范大学内《心理科学》编辑部（200062）

编辑部负责人及联系电话：李其维，021-62232769

投稿网址：www.psysci.org

《心理科学》是我国心理学专业的综合性学术期刊之一，双月刊，中国心理学会主办，华东师范大学承办，香港大学心理学系协办。其前身《心理科学通讯》于1964年创刊，由中国心理学会编辑、科学出版社出版（季刊），编辑部设在中国科学院心理研究所编译室。1966年，编辑部移至上海，设在华东师大教育科学研究所心理研究室；同年下半年，因“文革”而停刊。1981年复刊。1991年更名为《心理科学》。2010年至今，由李其维教授担任主编，以前的历任主编为著名心理学家丁瓒、王亚朴、左任侠、朱曼殊、杨治良。

2011年起，《心理科学》开始启用网络投稿系统和专家盲审平台，通过网络平台对稿件完成从投稿到出版的所有流程，同时也提高了审稿的规范性和效率。同时为了提高期刊的国际化进程，实行500词以上的长英文摘要的投稿要求，参考文献格式要求也改为国际通用的心理学论文写作的APA格式。

《心理科学》一直是“中文社会科学引文索引”（CSSCI）来源期刊，并入选《中文核心期刊要目总览》，在中国人民大学主办的复印资料影印刊物上也有较高的转载率。2012~2015年均被中国科学文献计量评价中心和清华大学图书馆评为“中国最具国际影响力学术期刊”（TOP 5%）。

8.3 心理科学进展

主　　编：隋南　　　　　　　　　　国际刊号：ISSN 1671-3710

邮发代号：2-938　　　　　　　　　国内刊号：CN 11-4766/R

地　　址：北京市朝阳区林萃路16号院中国科学院心理研究所（100101）

编辑部负责人及联系电话：邱炳武，010-64850861

投稿网址：http://journal.psych.ac.cn

《心理科学进展》（Advances in Psychological Science），月刊，中国科学院心理研究所主办，科学出版社出版，国内外公开发行。办刊宗旨是反映心理学各领域的最新研究进展。主要刊登能够反映国内外心理学各领域研究的新进展、新动向、新成果的文献综述／评论及研究简报。设有主编特邀、研究构想、研究前沿、元分析、研究方法、研究简报、博士论坛等栏目。《心理科学进展》1983 年创刊，原名《心理学动态》，2002 年改为现名。2002 年之前，多为季刊。2003 年改为双月刊。2010 年改为月刊。至 2015 年，共出版 23 卷 184 期。现任主编是隋南研究员，著名心理学家徐联仓、匡培梓、张侃、杨玉芳曾任该刊主编。

《心理科学进展》是“中国科技论文统计源期刊”（CSTPCD）、《中国科学引文数据库》（CSCD）来源期刊、“中文社会科学引文索引”（CSSCI）统计源期刊、《中国人文社会科学引文数据库》（CHSSCD）、《中国学术期刊综合评价数据库》（CAJCED）来源期刊、“中国人文社会科学核心期刊”，还入选《中文核心期刊要目总览》（2014 年）。

《心理科学进展》的稿件处理实行三审制，即：编辑部初审、同行外审、编委会终审。2005 年前，编委会终审时，每篇稿件主要由一位编委负责。2005 年至今，编委会实行分组讨论形式，提高了稿件终审的信效度。

《心理科学进展》2005 年开始实行网络投稿和审稿，审稿过程透明，发表文章公开免费阅读，每期文章上线不晚于纸质期刊的出版。

《心理科学进展》2012 年被中国知网评为“中国国际影响力优秀学术期刊”，2013、2014、2015 年被评为“中国最具国际影响力学术期刊”，是全国符合遴选条件的 1238 种人文社科期刊中排名前 5% 的期刊。

8.4　心理发展与教育

主　　编：林崇德　　国际刊号：ISSN 1001-4918

邮发代号：2-913　　国内刊号：CN 11-1608/B

地　　址：北京市海淀区新街口外大街 19 号北京师范大学院内（100875）

电子信箱：pdae@bnu.edu.cn　　主页网址：http://www.devpsy.com.cn

电话 / 传真：010-58807700

《心理发展与教育》（Psychological Development and Education），双月刊，是由教育部主管、北京师范大学主办的面向国内外公开发行的心理学学术刊物，是国内唯一的发展心理学与教育心理学专业学术刊物，主要发表发展心理学和教育心理学领域的高质量研究报告与论文，下设4个栏目，包括认知与社会性发展、教与学心理学、心理健康与教育、理论探讨与进展。《心理发展与教育》现任主编为林崇德教授，现任常务副主编为方晓义教授，我国著名心理学家、教育家朱智贤教授曾担任该刊主编。《心理发展与教育》创刊于1985年，从2010年起由季刊改为双月刊，至2015年底共出版31卷135期。

《心理发展与教育》是“中国人文社会科学核心期刊”、《中国人文社会科学引文数据库》（CHSSCD）来源期刊、《中国学术期刊综合评价数据库》（CAJCED）来源期刊、“中文社会科学引文索引”（CSSCI）统计源期刊、《中国自然科学与社会科学交叉领域期刊数据库》统计源期刊、《中国数字化期刊群》来源期刊，还入选《中文核心期刊要目总览》。

2013、2014年《心理发展与教育》连续被中国知网评为“中国最具国际影响力学术期刊”。

8.5 心理与行为研究

主　　编：白学军　　　　国际刊号：ISSN 1672-0628

邮发代号：6-178　　　　国内刊号：CN 12-1348/B

地　　址：天津市河西区吴家窑大街57号增1号，天津师范大学八里台校区106信箱（300074）

电子邮箱：psybeh@mail.tjnu.edu.cn　　主页网址：http://journal.psytj.net

电　　话：022-23540231/23541213　　传　　真：022-23541213

《心理与行为研究》（Studies of Psychology and Behavior），双月刊，天津市教育委员会主管，天津师范大学主办，天津师范大学心理与行为研究院承办。2003年创刊，是综合性心理学学术期刊。下设4个栏目，包括基础心理学、发展与教育心理学、应用心理学、理论进展。

本刊由已故我国著名心理学家沈德立教授创办并任主编。从创刊以来，始终贯彻“创新性与科学性并重，理论探讨与实践探讨并举”的宗旨，充分反映了心理学学术成果，促进了心理学学术交流，增强了心理学在国家重大决策思想库的作用。

本刊已连续获得“天津市一级（优秀）期刊”称号和“全国优秀社科学报”等称号。2008 年至今为“中国社会科学引文索引”（CSSCI）统计源期刊，2014 年入选《中文核心期刊要目总览》。

8.6 心理学探新

主　　编：胡竹菁　　国际刊号：ISSN 1003-5184

邮发代号：44-108　　国内刊号：CN 36-1228/B

地　　址：江西师范大学《心理学探新》编辑部（330027）

编辑部负责人及联系电话：廖华，0791-88120281

投稿网址：www.psytxjx.com

《心理学探新》是我国心理学专业的综合性学术期刊之一，双月刊。1980 年由我国已故著名心理学家潘菽先生在河南大学所创办（季刊）。1985 年，由主办单位河南大学的王丕教授担任主编。1993 年下半年，河南大学将该刊更改为科普期刊《心理世界》。《心理学探新》从 1980 年创刊至 1993 年在河南大学共出版发行了 13 卷 50 期。

1994 年，《心理学探新》以内刊形式紧接原来的卷数和期数在江西师范大学复刊，杨鑫辉教授任主编。1999 年，《心理学探新》重新获得国内外公开发行刊号，漆书青教授担任主编。2003 年至今，由江西师范大学的胡竹菁博士担任《心理学探新》杂志主编。

《心理学探新》1997~2007 年、2012 年至今是“中文社会科学引文索引”（CSSCI）统计源期刊，2004、2015 年入选《中文核心期刊要目总览》，在中国人民大学主办的复印资料影印刊物上也有较高的转载率。同时，该刊还是《中国学术期刊综合评价数据库》（CAJCED）、《中国期刊网》、《中国学术期刊（光盘版）》等数据库的来源期刊。

8.7 应用心理学

主　　编：沈模卫　　　　　　国际刊号：ISSN 1006-6020
副 主 编：王重鸣　许百华　　　国内刊号：CN 33-1012/B
　　　　　张智君　马剑虹
编辑部主任：水仁德　　　　　　邮发代号：42-122
地　　址：杭州市天目山路148号浙江大学西溪校区（310028）
电子信箱：appliedpsy@zju.edu.cn　　电　　话：0571-88273352

《应用心理学》是浙江省心理学会和浙江大学主办、国内外公开发行的心理学学术刊物，主要介绍国内外心理学的最新动态，反映心理学各个领域的研究及其应用的最新成果。《应用心理学》每逢季末出刊。《应用心理学》注重论文质量，在我国心理学界享有较高的声誉，被国内多所一流大学列为心理学重要学术期刊源，并被中国学术期刊网、万方数据库等数据库全文收录。

杂志于1981年创刊，原名《外国心理学》（浙江省期刊登记证第068号）；季刊，主编为陈立。1986年3月20日改名为《应用心理学》。

8.8 心理研究

主　　编：赵国祥　　　　　　国际刊号：ISSN 2095-1159
邮发代号：36-83　　　　　　　国内刊号：CN 41-1393/B
地　　址：河南大学《心理研究》编辑部（475004）
编辑部负责人及联系电话：李永鑫，0371-23885996
投稿信箱：xinliyj@henu.edu.cn

《心理研究》是我国心理学专业的综合性学术期刊之一。其办刊历史可以追溯到1980年，当时著名心理学家潘菽先生在河南大学创办心理学专业综合性学术期刊《心理学探新》。从1993年下半年开始，河南大学将《心理学探新》更名为《心理世界》，其办刊性质由学术期刊改为科普期刊。

依据新闻出版总署新出报刊 [2007]1565 号文件和河南省新闻出版局豫新出报 [2007]397 号文件，河南大学主办的《心理世界》杂志更名为《心理研究》，双月刊，大 16 开。新编国内统一连续出版物号为：CN 41-1393/B。《心理研究》办刊宗旨及业务范围为：为心理学研究者提供发表学术研究成果的阵地，促进我国心理学学科的发展。

目前，《心理研究》由河南大学主管主办，中国心理学会人格心理学专业委员会协办，其办刊性质为学术期刊。主编为赵国祥教授，编辑部主任李永鑫教授负责编辑部日常工作。

《心理研究》严格遵守《期刊出版管理规定》和《报纸、期刊年度核验办法》进行科学办刊、规范办刊。在办刊容量方面，《心理研究》从 2008 年第 1 期开始就确定为每期 96 页（6 个印张）；双月刊。每年刊发的学术论文约为 100~110 篇。在办刊质量方面，期刊的编辑出版工作已经从外延式发展走向内涵式发展。期刊的稿源日益丰富，来稿渠道多样化，编辑审稿的程序进一步规范，已经建立起了严格的三审三校制度。《心理研究》已经成为《中国学术期刊综合评价数据库》（CAJCED）、《中国期刊网》、《中国学术期刊（光盘版）》等数据库的来源期刊，在中国人民大学主办的复印资料影印刊物上也有较高的转载率。

8.9 中国社会心理学评论

主　　编：杨宜音

邮寄地址：北京市东城区建国门内大街 5 号中国社会科学院社会学研究所（100732）

编辑部联系电话：010-85195562

投稿邮箱：ChineseSPR@126.com

《中国社会心理学评论》（Chinese Social Psychological Review）是中国社会心理学专业的学术集刊，以发表有关华人文化社会心理学专题领域的最新、有代表性和权威性论文见长。2005 年由中国社会科学院社会学研究所社会心理学研究中心主任杨宜音研究员发起创刊并担任编委会主任，主办单位为中国社会科学院社会学研究所。

该学术集刊将办刊宗旨定位为：继承华人社会心理学者百年以来的传统，以“研究和认识生活在中国文化中的人们的社会心理，发现和揭示民族文化和社会心理的相互建构过程及特性，最终服务社会，贡献人类”为目的。发表有关华人、华人社会、华人文化的社会心理学原创性研究成果，以展示华人社会心理学的多重视角及最新进展。

该刊以每辑一个专题的形式发表论文。选题和征稿时遵循“专题、权威、前沿”三条原则：“专题”原则可保证论文的内容集中和深度，帮助学者建立领域合作和沟通平台；“权威”原则可保证稿件反映的选题价值和研究的可扩展性；“前沿”原则可提供最新研究发现和学科发展的生长点。每当编委会确定好一个专题领域，就会集中邀请权威学者对该领域进行全面综述和对所选篇目的评价介绍，根据该领域理论脉络和前沿进展刊选最有代表性的华人学者的优秀论文（原文为英文的论文均获得版权，并由专业人员翻译）。

该学术集刊的主编为杨宜音研究员，每一辑都根据特定主题邀请该领域的知名专家做“特约主编”。2005~2013 年已经出版发行的 6 集专题领域分别为：第一辑“文化与自我”（杨宜音主编，ISBN 7-80190-510-5，2005 年），第二辑“面子与文化”（特约主编为翟学伟，ISBN 7-80230-141-6，2006 年），第三辑“组织行为与文化”（特约主编为李原，ISBN 7-80230-326-5/D · 066，2006 年），第四缉“人格与文化”（特约主编为杨宇，ISBN 978-7-5097-0255-0/D · 0102，2008 年），第五辑“文化心理学”（特约主编为徐冰，ISBN 978-7-5097-1745-5，2010 年），第六辑“社会认知与文化”（特约主编为赵志裕和陈侠，ISBN 978-7-5097-4277-8，2013 年）。

从 2014 年起编委会决定邀请海外学者担任编委，已经接受邀请进入编委会的知名专家包括康萤仪（新加坡南洋理工大学南洋商学院）、梁觉（香港城市大学管理学系）、彭凯平（美国加利福尼亚州大学伯克利分校心理学系 / 清华大学心理学系）、叶光辉（台湾“中研院”民族学研究所）、赵志裕（香港中文大学）等。

在办刊周期方面，编委会决定从 2014 年起办成半年刊。已经出版的第七辑的专题为“中庸心理研究专辑-I”（特约主编为杨中芳、韦庆旺，ISBN 978-7-5097-5428-3，2014 年 4 月出版），第八辑为“中庸心理研究专辑-II”（特约主编为韦庆旺、杨中芳，2014 年 12 月出版）。

在办刊质量方面，2013 年为“中文社会科学引文索引”（CSSCI）收录集刊；2014 年被评为社会科学文献出版社优秀集刊三等奖，所发表论文被《中国社会科学文摘》选摘。

本刊发刊形式为“以书代刊”（每辑都是国内正式书号且每辑一号，开本：787mm×1092mm，1/16 开）。

8.10 中国临床心理学杂志

主　　编：姚树桥　　　　国际刊号：ISSN 1005-3611

邮发代号：42-122　　　　国内刊号：CN 43-1214/R

地　　址：湖南长沙中南大学湘雅二医院内《中国临床心理学杂志》编辑部（410011）

编辑部负责人及联系电话：周世杰，0731-85292472

电子邮箱：cjcp_china@163.com

投稿网址：http://www.clinicalpsychojournal.com/

《中国临床心理学杂志》（Chinese Journal of Clinical Psychology）创刊于 1993 年 6 月，由我国著名心理学家、临床心理学家龚耀先教授创办，由中国科协主管（后改为教育部主管），中国心理卫生协会主办。创刊时为季刊，当年出版两期。2006 年起改为双月刊，至 2015 年已出版发行 23 卷 110 期。

首届编委会由龚耀先任主编，陈仲庚、李心天、许又新、温泉润、张明园、戴晓阳任副主编，特聘陈立、陈学诗教授任顾问。2010 年经第四届编辑委员会会议研究讨论，推选姚树桥教授担任《中国临床心理学杂志》主编，蔡焯基、张明园、戴晓阳、钱铭怡、张亚林、程灶火任副主编，同时聘请黄希庭、李心天、李雪荣、林崇德、刘协和、沈德立、许又新、杨治良、张厚粲等任顾问。

《中国临床心理学杂志》主要发表我国临床心理学各分支学科的原创性研究报告、反映国内外临床心理学研究热点及动态的综述等。设有基础与实验研究、心理测验与评估、病理心理、健康心理、心理治疗与咨询等栏目。

《中国临床心理学杂志》主要面向读者为各高校、科研院所、重点医疗卫生机构等从事临床心理学、应用心理学及精神卫生学等专业科研和实践活动的科技人员、研究生、临床工作者等。

《中国临床心理学杂志》是“中国科技论文统计源期刊”（CSTPCD）、《中国科学引文数据库》（CSCD）来源期刊、“中文社会科学引文索引”（CSSCI）统计源期刊，入选《中文核心期刊要目总览》（2011 年）。同时还被美国心理学会 Psychological Abstract 和 PsychoINFO 等长期固定收录。

8.11 中国心理卫生杂志

主　　编：于欣	国际刊号：ISSN 1000-6729
主　　管：中国科学技术协会	国内刊号：CN 11-1873/R
主　　办：中国心理卫生协会	邮发代号：82-316

挂靠单位：北京大学第六医院（精神卫生研究所）

社长兼编辑部主任：黄悦勤

地　　址：北京市海淀区花园北路 51 号《中国心理卫生杂志》社（100191）

电　　话：010-62010890　　主　　页：www.cmhj.cn

《中国心理卫生杂志》是反映我国心理卫生和精神卫生研究水平的主要窗口之一，是国家一级学术期刊，单期发行量稳定在 5000~8000 册。

本刊在第 1 届（2008 年）、第 2 届（2011 年）和第 3 届（2014 年）“中国精品科技期刊”评选中连续获奖，2008~2012 年度连续 5 年获“百种中国杰出学术期刊”称号（R74 神经精神病学类学术期刊中唯一获此殊荣的精神病学与精神卫生学类期刊）。在所有国内重要科技论文数据库中，《中国心理卫生杂志》的影响因子、综合排名等期刊评价指标均位居心理卫生学、精神病学与精神卫生学类期刊前列。自 2012 年开始连年被评为“中国国际影响力优秀学术期刊”。

《中国心理卫生杂志》采用同行评议、三审制度刊用符合条件的学术文章，以打造心理卫生和精神卫生领域的中国最高水平的学术交流平台为方向，以精神医学各专业方向的临床医生、心理治疗师、心理咨询师及其他从事与心理卫生相关的跨学科专业的科研人员为主要读者对象；设置的栏目有心身医学、心理治疗与心理咨询、临床精神病学、社会精神病学、社区精神卫生、精神卫生政策、应激与心理健康、心理健康促进、儿童青少年心理卫生、心理卫生评估、神经心理生物学研究，以及编读往来，并刊登书评和书讯、学术活动预告、会议纪要等消息。论文形式包括论著、短篇论著、综述、述评、论坛、临床案例报道等。

本刊是《中国人文社会科学核心期刊要览》（CASS）、复印报刊资料重要转载来源期刊、“中国科技论文统计源期刊”（CSTPCD）、《中国科学引文数据库》（CSCD）、“中文社会科学引文索引”（CSSCI）、《中国生物医学期刊引文数据库》（CMCI）、《中国生物医学文献数据库网络版》（CBMDISC）、《中文生物医学期刊文献数据库》（CMCC）、《中国学术期刊文摘》、《中文科技资料目录》等收录的核心期刊，入选《中文核心期刊要目总览》并被美国 Ulrich’s Periodicals Directory 数据库收录。全文电子版授权《中国期刊全文专题数据库》（CNKI）、万方数据、《中国科技期刊数据库（维普全文电子期刊）》收录。

8.12 社会心理研究

主　　编：周晓虹　　　　京内资准字：9910-L0710

地　　址：北京建国门内大街 5 号中国社会科学院社会学研究所《社会心理研究》编辑部（100732）

联系电话：010-85195562　　　投稿邮箱：spresearch@sohu.com

《社会心理研究》是中国社会心理学会会刊，为内部准予发行的学术刊物，社会心理学专业的权威学术刊物（季刊）。于 1990 年 1 月创刊，目前已经出版 100 期。主办单位是中国社会心理学会。现任主编为周晓虹。编辑部设在中国社会心理学会所在的中国社会科学院社会学研究所社会心理学研究室。自创刊以来为推动我国社会心理学的理论建设与应用研究、普及和深入研究社会心理学研究进行了不懈的努力，深受社会心理学专业研究人员和教学机构等研究人员及学生的欢迎。主要栏目有社会心理学研究报告、各研究领域理论探讨、学术综述、学习与研究经验总结，以及专业会议、书籍、培训和学会信息等。全国各大图书馆、大专院校科研机构均有订阅。

1990 年主编为陈元晖，编委为王康、孔令智、乐国安、李庆善、宋家鼎、时蓉华、沙莲香、沈德灿、章志光、虞积生。1991~1995 年，陈元晖担任名誉主编，沈德灿担任主编。1993~1995 年，章志光担任副主编。1990~1995 年，李庆善担任编辑部主任。1996~2006 年，沈德灿担任主编，李庆善、冯伯麟担任副主编。1996~2005 年张潘仕担任编辑部主任，2005~2006 年杨宜音担任编辑部主任。2007~2010 年，乐国安担任主编，王登峰、杨宜音、杨中芳担任副主编，陈午晴担任编辑部主任。2011~2014 年，杨宜音担任主编，方文、王垒、汪新建担任副主编，2011 年李原担任编辑部主任。2012~2014 年应小萍担任编辑部主任。

8.13　心理教育

主　　编：陈中永　　　　　　　　国内刊号：内刊

地　　址：内蒙古师范大学教育科学学院《心理教育》编辑部（010022）

编辑部负责人及联系电话：钟建军，0471-4392359

投稿邮箱：nsdxljy@163.com

《心理教育》杂志创刊于 2007 年，是由内蒙古自治区科学技术协会主管的内部刊物，性质是以心理教育研究和训练为主的学术性和科普性期刊（季刊）。主办单位为内蒙古心理学会，承办单位有内蒙古普通高等学校人文社科重点研究基地心理研究中心、内蒙古师范大学教育科学学院、内蒙古自治区心理学重点实验室。

杂志的办刊宗旨是通过刊发心理教育基础和应用研究的优秀成果，为实现教育现代化、科学化和人文化提供科学与技术的支撑。通过传播心理科学及相关科学领域的基础性优质研究成果来推动心理教育的学术交流；通过传播心理科学及相关科学领域的应用性优质研究成果来服务心理教育活动；通过传播心理教育理论与技术，深化对教育活动的认识，丰富教育活动实践；通过传播心理教育终身化、社会化、科技化的理念，为开发心脑潜能、促进心理发展、延缓心理衰老，最终实现幸福而自由的人生做出心理科学应有的贡献。

杂志主要刊发原创性的心理学研究论文为主，转载论文为辅，积极向国内心理学硕博士研究生、心理教育一线教师征稿。主要设心理教育与训练、发展与教育心理、心理健康与咨询辅导、民族文化与社会心理、个性与品德心理、行为与认知脑机制、心理学理论研究、研究综述等专栏。

附录A

《中国图书馆图书分类法》中与心理学论文有关的著录分类号

B84 心理学

普通心理学、实验心理学入此。总论人的信息加工、人工智能心理学方面的著作入此；专论感觉、知觉、信息加工方面的著作入B842.2。依总论复分表分。

-05 心理学与其他学科的关系

-06 心理学派别及其研究

-061 构造学派

-062 机能主义派

-063 行为主义派

-064 格式塔心理学派（完形派）

-065 精神分析学派

-066 存在主义心理学派

-067 人本主义学派

-069 其他

-09 心理学史

依世界地区表分。

841 心理学研究方法

.1 电生理技术

.2 数理心理学、心理统计学

[.3] 条件反射研究法

宜入Q427。

.4 实验法

心理物理学方法及实验设备（实验室与仪器）入此。

.5 观察法

.7 心理测验

智力及发展测验、能力倾向测验、人格测验等教育测验入G449。

842 心理过程与心理状态

.1 认知

.2 感觉与知觉

.3 学习与记忆

注意、记忆与遗忘等入此；学习心理学入G442。

.4 表象与想象

.5 言语与思维

思维与联想等入此；创造心理学入G305。

.6 情绪与情感

表情（喜、怒、哀、乐）、心境、情操等入此。

.7 意识与潜意识

.9 其他

843 发生心理学

兼论发生与发展心理学的著作入此。

.1 比较心理学

.2 动物心理学

.3 原始人类心理学

.5 心理与遗传

.9 其他

844 发展心理学（人类心理学）

.1 儿童心理学

.11 胎儿、新生儿心理学

.12 幼儿心理学

.13 智力超常儿童心理学

.14 变态儿童心理学
.2 青少年心理学
.3 成年人心理学
.4 老年人心理学
.5 女性心理学
.6 男性心理学
.7 种族心理学

845 生理心理学

论心理活动周期的著作入此。

.1 神经心理
.2 感官生理心理
.3 内分泌与心理
.4 精神药物与心理
.5 神经化学与心理
.6 环境与生理心理
.61 居住环境与心理
.63 建筑、音响、照明与心理
.65 生态环境与心理
.66 特殊环境与心理

高空、高温、高压、深海等生理心理学入此。

.67 灾害、事故、伤害与心理
.9 其他

846 变态心理学、病态心理学、超意识心理学

医学心理学入 R395。

参见 R749。

848 个性心理学（人格心理学）

.1 神经类型与气质
.2 能力与才能（技能）
.3 兴趣、态度
.4 信念、意志、行为
.5 智力、智慧
.6 性格
.8 个别差异
.9 其他

849 应用心理学

总论入此；专论心理学在某一方面的应用的著作入有关各类。例：教育心理学入 G44。如愿集中于此者，可用组配编号法，按本分类法序列排。例：社会心理学为 B849 : C91；管理心理学为 B849 : C93；军事心理学为 B849 : E。

<u>C91 社会学</u>

.6 社会心理、社会行为
.61 阶级心理
.64 群众心理
.66 宗教心理

<u>C93 管理学</u>

933 领导学

934 决策学

<u>C95 民族学</u>

955 民族性、民族心理

<u>C97 劳动科学</u>

970.4 劳动心理学

<u>D90 法学</u>

90-054 司法心理学

<u>D91 法学各部门</u>

917.2 犯罪心理学

<u>E 军事</u>

<u>F 经济</u>

224.32 博弈论

406.1 工业组织领导和行政管理

406.13 工业心理学

713.55 商业心理学、市场心理学

G44 教育心理学

智育心理、德育心理、美育心理等入此。学校管理心理学入 G47。

441 教学心理学（课堂教育心理学）

442 学习心理学

学习理论、学习过程等入此。

443 教师心理学

444 学生心理学

445 青少年心理学

446 教育社会心理学

447 学科心理学

政治、语文、数学、外语、自然、历史、地理、美术、音乐等学科心理学入此。

448 教育心理诊断与教育心理辅导

449 教育测验与评估

.1 测验方法
.4 智力测验
.5 能力测验
.6 性格测验
.7 评估方法与标准
儿童智商入 R179。

G80 体育理论

804 体育基础科学

804.8 运动心理学

.82 体育运动与人的心理过程
.83 体育运动与个性心理学
.85 体育教学心理学
.86 运动训练的心理学
.87 运动竞赛的心理学

R395 医学心理学、病理心理学

.1 医学心理学
.2 病理心理学

脑损伤与心理、器官缺陷与心理、发育障碍与心理等入此。

.3 神经病与心理
.4 精神病与心理
.5 心理治疗法
.6 心理卫生

R749 精神病学

.05 精神病治疗学
.053 药物疗法
.054 休克疗法
.055 心理疗法
.056 工娱疗法
.057 催眠疗法
.058 其他疗法
.1 脑器质性精神障碍
.2 躯体疾病伴发精神障碍
.3 精神分裂症
.4 情感性精神障碍
躁狂抑郁症、更年期抑郁症等入此。
.5 反应性精神障碍
.6 中毒所致精神障碍
.7 神经官能症
.8 偏执性精神病
.91 人格障碍
.92 心身疾病
.93 精神发育不全
.94 儿童精神病
.99 其他精神病

资料来源：国家图书馆《中国图书馆分类书》编辑委员会 . (2010). *中国图书馆分类法*（第五版）. 北京：北京图书馆出版社

附录 B

论文格式样例

目标与非目标身份特征的范畴间差异对多身份追踪的促进作用①

文题

白　田[1,2]　吕　创[1]　魏柳青[3]　周义斌[1,4]　张学民[1,5]

作者姓名

（[1] 北京师范大学心理学院，应用实验心理北京市重点实验室，北京 100875）

（[2] 浙江大学心理与行为科学系，杭州 310028）（[3] 河南省体育科学研究所，郑州 450044）

（[4] 福州大学人文社会科学学院，福州 350108）

（[5] 认知神经科学与学习国家重点实验室，北京 100875）

摘要

作者单位

摘　要　以数字和字母为实验材料，考察了多身份追踪任务中目标与非目标的身份特征范畴性差异对目标追踪与身份识别的影响，并探讨了其可能的认知加工机制。实验 1A 让被试追踪 5 个目标，并操作目标与非目标的身份特征从无差异（目标与非目标为相同的数字）、范畴内差异（目标与非目标为各不相同的数字）到范畴间差异（目标为各不相同的数字，非目标为各不相同的字母）变化，发现随着目标与非目标差异水平的提高，追踪正确率也显著提高。实验 1B 通过变化追踪目标数量为 4 和 5 操作追踪负荷，发现中等负荷条件下（目标数量为 5）实验结果与实验 1A 相同，即目标与非目标身份特征的范畴内差异和范畴间差异均可促进追踪表现。实验 2 考察了目标与非目标身份特征的范畴间差异水平对追踪表现与身份识别的影响。结果发现随着范畴间差异水平的提高，被试的追踪表现与身份识别表现都得到了显著提高，但身份识别表现低于追踪表现。对可能解释以上现象的工作记忆理论、分组理论以及多身份追踪模型进行了分析讨论。

关键词　多身份追踪；范畴；工作记忆；分组理论

关键词

分类号　B842

分类号

---

① 白田，吕创，魏柳青，周义斌，张学民．(2015). 目标与非目标身份特征的范畴间差异对多身份追踪的促进作用．*心理学报*，*47*, 203–211.

1 前言

一级标题

正文

传统的视觉知觉和注意研究主要集中在静态场景和单焦点目标领域。而在实际生活中，人们所处的环境是不断变化的，且常常需要对多个动态变化的信息同时进行知觉和注意加工。Pylyshyn 和 Storm（1988）提出的多目标追踪（Multiple Object Tracking，MOT）范式是研究动态场景中视觉注意加工较常用的范式。在多目标追踪范式中，目标和非目标表面特征相同，即不带有身份特征。基于现实生活中个体注意的对象往往带有一定的表面特征信息，Oksama 和 Hyönä（2004）使用带有身份特征的运动对象，发展出了多身份追踪（Multiple Identity Tracking，MIT）范式。多身份追踪任务广泛地存在于人们的日常生活中。例如，观看篮球或足球比赛时注意场上双方球员的跑动变化，司机开车时注意前后左右相对运动的行人和车辆等。多身份追踪的研究揭示了影响人们视觉追踪和身份识别的因素与认知加工机制，以及如何才能更高效精准的追踪特定身份的目标。

以往关于多身份追踪的研究发现，对象的身份特征在追踪过程中会得到加工并对追踪表现和身份识别产生影响（Oksama & Hyönä，2004，2008; Horowitz et al.，2007; Makovski & Jiang，2009a，2009b; Ren，Chen，Liu，& Fu，2009; Pinto，Howe，Cohen，& Horowitz， 2010; De-Wit，Lefevre，Kentridge，Rees，& Saygin，2011; Liu，Chen，Liu，& Fu，2012; Howe & Holcombe，2012; 张滨熠，丁锦红，2011; 魏柳青，张学民，李永娜，马玉，2014）。有研究表明，多身份追踪中身份加工与目标追踪共享有限的注意资源（Cohen，Pinto，Howe，& Horowitz，2011; Botterill，Allen，& McGeorge，2011; Horowitz et al.，2007），并且身份加工在某种程度上是不随意的（involuntary），无论其能否促进目标追踪，身份信息都会得到加工（Liu et al.，2012）。

文内注解

与新异物体相比，熟悉物体作为目标对象的身份特征可以促进身份识别（Oksama & Hyönä，2004，2008）；与此类似，重复区组（Repeated Block，目标和非目标的独特身份特征在一个区组的各个试次间保持不变）也会促进追踪表现和身份识别（Pinto et al.，2010）。以上效应可能是由于熟悉物体从长时记忆中的提取速度较快（Oksama & Hyönä，2004，2008）或目标身份特征的重复性促进了追踪过程中身份-方位的绑定（Pinto et al.，2010）。

参考文献引用标志

多身份追踪中，目标与非目标的身份特征差异性或对象身份的独特性对追踪表现和身份识别的影响近年来较受关注。张学民等人（2008）发现当复合运动刺激的局部和整体特征都发生变化时，目标颜色变化（目标与非目标区分开）对追踪和目标识别的促进效应不显著；当刺激的局部特征和整体特征只有一个变化时，目标的颜色变化对追踪和目标识别有显著的促进作用。Makovski 和 Jiang（2009a，2009b）发现，当目标在一个特征维度上与非目标存在差异（如颜色、形状、数字等），这种差异性可以促进追踪表现。而当目标在两个特征维度的组合上与非目标不同，但其中一个特征与非目标共享时，如某一目标为红色数字 4，另一非目标为红色数字 5，两者共享红色这一特征，但在数字特征上存在差异，在这种情况下，即使目标身份特征具有独特性，也不会促进追踪表现，反而会对追踪产生干扰作用。研究者认为，多身份追踪中，目标单一特征的独特性而非组合特征的独特性能够促进追踪表现，这是因为目标独特的单维身份特征被储存在工作记忆中，在目标丢失的情况下可以重新找回目标；而组合特征的绑定（Feature Binding）在运动过程中很难保持，所以不利于追踪（Makovski & Jiang，2009a，2009b）。张滨熠、丁锦红（2011）的研究也发现被试可利用目标与非目标在大小特征属性上的区别来促进追踪，但当目标和非目标在追踪过程中同时变大或变小时，追踪成绩并不受影响（张滨熠，丁锦红，2010）。Howe 和 Holcombe（2012）发现在某些情况下目标与非目标的组合特征差异性也能促进追踪表现，关键在于目标特征是否具有引导性或注意指向作用，能够引导被试更多地把注意指向到目标而不是非目标上。因为有研究发现多目标追踪过程中分配给目标的注意资源不是固定的，注意资源分布可以根据具体的实验条件和任务要求进行调整（Alvarez & Franconeri，2007; Iordanescu，Grabowecky，& Suzuki，2009; Cohen et al.，2011）。还有一种可能是观察者根据目标与非目标特征属性的某种分配形成并保持了对目标的分组表征，从而在某种程度上降低了追踪负荷（Howe & Holcombe，2012）。Liu 等人（2012）通过操作身份信息的复杂程度研究了对象身份特征独特性对追踪表现的影响，结果表明对象身份的独特性对目标追踪是促进还是干扰，取决于对象身份信息的复杂性和工作记忆容量的限制。当身份信息复杂性较低或在工作记忆的容量范围内时，对象身份的独特性促进了追踪表现，而当身份信息复杂性较高或超出了工作记忆容量时，对象身份的独特性会干扰追踪表现。以上 Makovski 和 Jiang（2009a，2009b）的实验结果似乎也可以用该机制来解释。

以上研究的对象身份特征多为颜色、数字、形状等简单物理特征，当对象身份特征为面孔等复杂社会性信息时，与对象身份特征完全相同条件（目标和非目标为同一张面孔）相比，对象身份特征的独特性（目标与非目标的面孔两两不同）会干扰追踪表现（Ren et al.，2009）。这是由于面孔作为对人类有特殊意义的刺激可能引发了一定水平的强制或不随意身份识别和加工，从而占用了目标追踪的注意资源。或是由于面孔负载的信息过多，其在工作记忆中的储存数量有限，被试无法利用储存在工作记忆中的信息找回目标。

以往研究中目标与非目标的身份特征差异均在同一范畴类别内，如同一颜色不同形状、同一形状不同颜色，或目标非目标均为数字等。如果目标与非目标的身份特征均具有独特性且属于不同的范畴类别，这种差异性是否会进一步促进多身份追踪的追踪表现和身份识别？其对追踪表现的作用是否受目标数量也即追踪负荷的影响？如果有促进作用，其背后的认知加工机制可能是什么？这是本研究所要探讨的主要问题。本研究通过操作目标与非目标的身份特征在范畴内和范畴间的变化，探究目标与非目标的身份特征差异性对多身份追踪的影响。这里的范畴主要指的是刺激对象的不同属性分类或符号类别。本研究包括 2 个实验，其中实验 1A 探讨了目标与非目标身份特征范畴内与范畴间差异对追踪表现的影响；实验 1B 通过变化目标数量进一步探讨了追踪负荷在目标非目标差异性对追踪表现影响中的作用；实验 2 在以上实验的基础上进一步探讨了该差异性对多身份追踪的追踪表现及身份识别的影响。

2 实验 1

2.1 实验 1A ← 二级标题

实验 1A 采用数字和字母作为对象的身份特征，考察目标与非目标身份特征无差异、存在范畴内差异、存在范畴间差异三种条件下，被试在目标方位追踪表现上的差异。

数字 范围号

2.1.1 被试 ← 三级标题

被试共 26 人，其中男生 3 人，女生 23 人，年龄范围为 18~25 周岁，平均年龄为 21±1.78 岁，视力或矫正视力正常，色觉正常。所有参加实验的被试均获得一定报酬。

2.1.2　实验设计

实验 1A 为单因素被试内设计，自变量为目标与非目标的身份特征差异性。在无差异条件下，目标与非目标的身份特征为相同的数字，目标与非目标不存在差异；中差异性条件下，目标与非目标为各不相同的数字，其身份特征差异在范畴内部水平；高差异性条件下，目标为各不相同的数字，非目标为各不相同的字母，目标与非目标的身份特征存在数字 —— 字母范畴间的差异。

2.1.3　实验材料

单位　乘号

实验呈现在三星台式机的 17 英寸显示器上，屏幕分辨率为 1024×768 pixel，垂直刷新频率为 65 Hz。刺激呈现区域为屏幕中央 800×600 pixel（水平视角约 25°，垂直视角约 20°）的白线方框 [RGB (255，255，255)，宽度 1 twip] 内，背景为黑色 [RGB (0，0，0)]。运动对象为直径 40 pixel（约 2°）的实心圆，内部填充白色 [RGB (255，255，255)]。圆内呈现的数字或字母为黑色 [RGB (0，0，0)]，其中数字包括：0、1、2、3、4、5、6、7、8、9; 字母包括：A、C、E、K、N、P、R、T、U、Y。每试次目标与非目标的数量均为 5，内部填充的数字或字母随机呈现并各不相同。

实验程序采用 Visual Basic 6.0 程序语言进行编写。运动阶段开始时视觉对象运动的方向随机，并在这个方向上以初始速度为约 6.5°/s 运动。之后每 50 ms 改变一次速度和方向，摆动幅度都是在 6.5°/s 的基础上加或减 2%，保证了对象运动速度的随机变化（轨迹不可预测）。当运动对象碰撞边框或相互碰撞时，运动对象将随机改变运动的方向（改变以 1° 为单位）。运动对象之间无相互遮挡的情况。

2.1.4　实验过程

被试距离屏幕约 45 cm。实验过程如下：步骤①：被试按空格键开始实验（如图 1 所示），对象以随机方位呈现在屏幕上，彼此中心间的距离大于圆环直径（40 pixel）。其中 5 个圆环闪烁 6 次被标记为目标，持续时间为 2.4 s。步骤②：闪烁停止后，所有圆环开始随机运动，并在 5~6 s 间随机停止，以防止被试采取只看运动停止前的画面的策略。步骤③：运动停止后，与运动对象所有参数一致，但不带数字或字母的实心圆立即掩蔽所有运动对象。步骤④：要求被试用鼠标点出目标，之后按空格键进入下一试次。

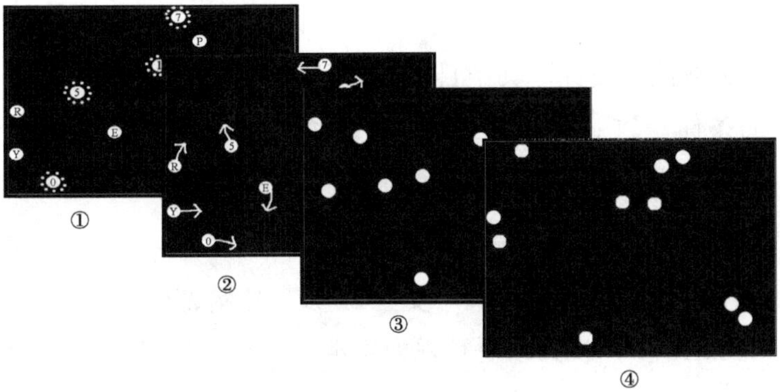

图1　实验过程示例

被试在正式实验前进行 6 次练习，紧接着完成 60 次正式实验，每种条件 20 次，试验顺序随机呈现。被试每完成 20 试次休息 1 min，实验总时间约为 20 min。程序自动记录被试的追踪正确率（正确追踪个数 /5）。

2.1.5　实验结果

图引用标志　统计表达

3 种条件下的追踪正确率见图 2。单因素重复测量方差分析结果表明，目标与非目标身份特征差异性的主效应显著，$F(2, 50) = 26.75$，$p < 0.001$，$\eta^2 = 0.52$。事后检验结果表明目标与非目标间的差异性水平越高，追踪成绩越好（无差异与范畴内差异：*MD* (Mean Difference) = –0.06，$p < 0.001$；无差异与范畴间差异：*MD* = –0.09，$p < 0.001$；范畴内与范畴间差异：*MD* = –0.03，$p = 0.002$）。

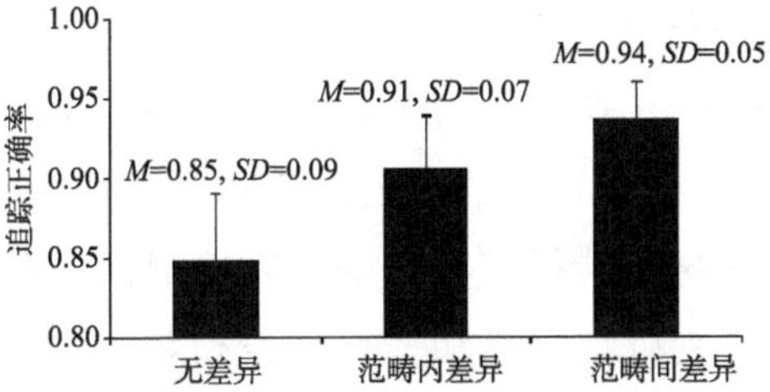

图2　3种身份特征差异性水平下的追踪正确率

2.2　实验 1B

在实验 1A 的基础上，改变目标数量，探讨在不同追踪负荷下目标与非目标的身份特征差异性对追踪表现的影响。

2.2.1　实验设计

采用 2×3 被试内设计，其中目标与非目标的身份特征差异性有 3 个水平，与实验 1A 的条件一致；另一自变量为追踪负荷，在低追踪负荷水平，追踪目标为 4 个，非目标为 6 个；在高追踪负荷水平，目标与非目标数量均为 5 个。

2.2.2　被试、实验材料与过程

被试共 27 人，其中男生 5 人，女生 22 人，年龄范围为 18~25 周岁，平均年龄为 21.70±2.15 岁，视力或矫正视力正常，色觉正常。所有被试均获得一定报酬。

实验材料与过程和实验 1A 基本一致，将目标数量为 4、目标数量为 5 两种条件的呈现顺序进行了平衡。在正式实验之前进行 6 次练习。正式实验中被试共完成 120 试次，每种条件 20 试次，被试每完成 20 试次休息 1 min，实验时间约 40 min。

程序自动记录被试的追踪正确率。由于不同追踪目标数量的猜测概率不同，根据公式 $k = \dfrac{10p - t^2}{10 + p - 2t}$（$k$ 表示校正后的真实追踪个数，p 表示被试报告的追踪个数，t 表示追踪的目标数）对不同条件下的真实追踪个数进行计算，以排除猜测概率（Horowitz et al.，2007）。

公式 →

2.2.3　实验结果

各个条件下的追踪正确率见图 3。重复测量方差分析结果表明，追踪负荷的主效应显著 [$F(1, 26) = 19.32$，$p < 0.001$，$\eta^2 = 0.43$]，目标数量为 4 的追踪正确率显著大于目标数量为 5 的情况，说明通过变化目标数量对追踪负荷的操作是有效的；目标与非目标身份特征差异性的主效应显著，$F(2, 52) = 21.32$，$p < 0.001$，$\eta^2 = 0.45$；追踪负荷与目标和非目标身份特征差异性的交互作用显著，$F(2, 52) = 6.40$，$p = 0.003$，$\eta^2 = 0.20$。← 效应量

进一步的简单效应分析结果显示：在高负荷水平上（目标数量为 5），目标与非目标身份特征差异性的简单效应显著，$F(2, 52) = 18.26$，$p < 0.001$。两两比较结果表明，随着目标与非目标身份特征差异性水平的提高，被试的追踪正确率也显著提高（范畴间差异与无差异：$MD = 0.12$，$p < 0.001$；范畴间与范畴内差异：$MD = 0.07$，$p = 0.001$；范畴内差异与无差异：$MD = 0.05$，$p = 0.031$）。

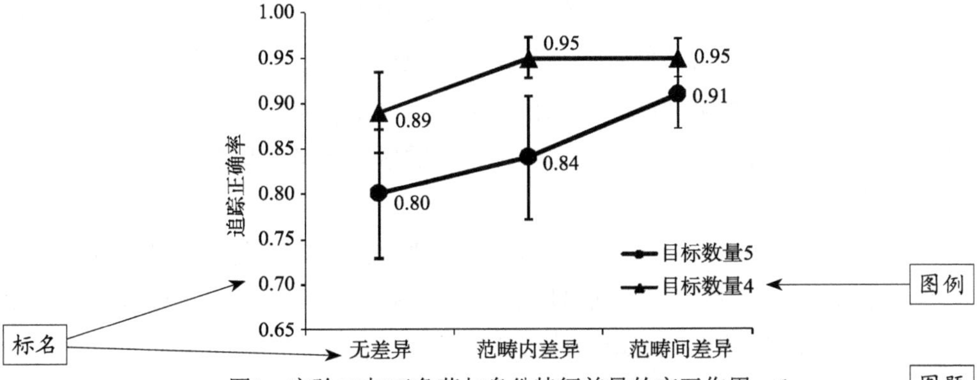

图3 实验1B加工负荷与身份特征差异的交互作用

在低负荷水平上（目标数量为 4），目标与非目标身份特征差异性的简单效应显著，$F(2, 52) = 14.26$，$p < 0.001$。两两比较表明：无差异水平与范畴内和范畴间差异水平的差异均显著（范畴内差异与无差异：$MD = 0.06$，$p = 0.002$; 范畴间差异与无差异：$MD = 0.07$，$p < 0.001$），而范畴内和范畴间差异的两个水平间差异不显著（范畴内与范畴间差异：$MD = -0.007$，$p = 0.322$）。

2.3 实验 1A 和 1B 小结

实验 1 在仅要求被试追踪目标方位的范式下，操作目标与非目标的身份特征差异性从无差异、范畴内差异到范畴间差异逐渐提高，考察被试在 3 种条件下的追踪表现。其中实验 1A 设置目标数量为 5，即中等追踪难度，考察身份特征差异性对追踪表现的影响。实验 1B 通过变化目标数量为 4 和 5 以操纵追踪负荷，进一步探讨不同追踪负荷下身份特征差异性对追踪表现的影响。

实验 1A 发现，随着目标与非目标身份特征差异性水平（从无差异到范畴内差异、范畴间差异）的提高，被试的追踪正确率也显著提高；在实验 1B 中，当目标数量为 5 时，发现了与实验 1A 一致的结果。当目标数量为 4 时，被试在范畴内与范畴间差异条件下的追踪正确率显著好于无差异条件，但两者之间无显著差异，这可能是由于出现了天花板效应，因为两种条件下被试的追踪正确率都很高（范畴内与范畴间均为 95%）。

综合实验 1A 和 1B 的结果发现，中等追踪难度条件下（目标数量为 5），目标与非目标身份特征的范畴内差异显著促进了追踪表现。这与以往研究结果相一致（Alvarez & Franconeri，2007; Makovski & Jiang，2009a，2009b; Ren et al.，2009; Liu et al.，2012）。本研究中范畴内差异条件下目标和非目标的身份特征均为数字，视觉复杂程度较低，其在工作记忆中的负荷也较低。追踪过程中目标独特的身份信息可被储存在工作记忆中，而不会对工作记忆造成较大的认知载荷或与注意追踪争夺资源，在目标丢失的情况下可利用储存的信息找回目标，从而促进了追踪表现。

实验 1A 和 1B 一致发现中等追踪难度下被试在范畴间差异条件下的追踪表现不仅显著高于无差异条件，而且显著高于范畴内差异条件。造成这一差异的原因，除了上述的工作记忆理论，可能还涉及其他理论机制或策略，这将在综合讨论部分进行详细解释。

3 实验 2

实验 1 探讨了目标与非目标身份特征差异性对追踪表现的影响，其对目标的身份识别是否有同样的影响机制？在实验 1 的基础上，实验 2 同样采用多身份追踪任务，固定非目标的身份特征范畴，不断扩大目标与非目标身份特征的范畴间差异，进一步研究目标与非目标的身份特征差异性对追踪表现与身份识别的影响。

3.1 实验设计

采用单因素被试内设计，自变量为目标与非目标身份特征的范畴间差异，包含 3 个水平（条件一：目标包含 1 个数字和 4 个字母；条件二：目标包含 3 个数字和 2 个字母；条件三：目标包含 5 个数字），非目标刺激均为 5 个字母，每试次的数字或字母各不相同并随机呈现。

3.2 被试、实验材料与过程

被试共 26 人，其中男生 3 人，女生 23 人，年龄范围为 18~25 周岁，平均年龄为 21±1.78 岁，视力或矫正视力正常，色觉正常。

实验材料及呈现过程与实验 1 类似。不同之处在于每次试验呈现至步骤④，即所有刺激停止运动并被实心圆掩蔽，被试首先用鼠标点出目标方位，按空格键确认；之后按照鼠标点击的顺序输入目标上的数字或字母即目标身份，完成上述操作后按空格键进入下一试次。

被试在正式实验前进行 6 次练习。正式实验中被试共完成 60 试次，每种条件 20 试次，60 试次顺序随机呈现。被试每完成 20 试次休息 1 min，整个实验约需 20 min。程序自动记录被试的追踪正确率（正确追踪个数 /5）和身份识别正确率（正确识别个数 /5）。

3.3 实验结果

对追踪正确率和识别正确率的单因素重复测量方差分析结果表明，目标与非目标身份特征范畴间差异的主效应显著（追踪正确率：$F(2,50) = 42.28$，$p < 0.001$，$\eta^2 = 0.63$; 识别正确率：$F(2,50) = 69.58$，$p < 0.001$，$\eta^2 = 0.74$），目标追踪和身份识别受到目标与非目标身份特征范畴间差异的影响。

事后检验结果显示，追踪正确率：$MD_{1,2} = -0.04$，$p = 0.001$; $MD_{1,3} = -0.08$，$p < 0.001$; $MD_{2,3} = -0.04$，$p < 0.001$; 识别正确率：$MD_{1,2} = -0.06$，$p < 0.001$; $MD_{1,3} = -0.15$，$p < 0.001$; $MD_{2,3} = -0.09$，$p < 0.001$。随着目标身份信息中数字范畴的比例增加，追踪正确率和识别正确率均得到提高（如表 1 所示）。 ← 表引用标志

表题 ↓ 顶线

表1 目标与非目标身份特征范畴间不同差异水平的追踪与识别正确率

栏目 →

追踪与识别表现	目标包含1个数字		目标包含3个数字		目标包含5个数字	
	M	*SD*	*M*	*SD*	*M*	*SD*
追踪正确率	0.84	0.08	0.87	0.05	0.92	0.05
识别正确率	0.67	0.11	0.73	0.09	0.82	0.09

表体 底线

对追踪任务和识别任务的配对样本 *t* 检验发现，3 种条件下被试的识别任务成绩显著低于追踪成绩（目标包含 1 个数字：$t(25) = 11.13$，$p < 0.001$；目标包含 3 个数字：$t(25) = 10.97$，$p < 0.001$；目标包含 5 个数字：$t(25) = 8.72$，$p < 0.001$）。

3.4 小结

实验 2 在实验 1A 和 1B 一致发现目标与非目标身份特征的范畴间差异可显著促进追踪表现的基础上，操作了两者范畴间差异的大小，进一步考察了不同

范畴间差异水平对目标追踪表现和身份识别的影响。结果发现，随着目标与非目标范畴间差异的不断增大，被试的追踪表现和身份识别表现都得到了显著提高。在实验 2 的任务中，被试既要对目标方位进行追踪，同时还要对目标的方位和身份进行绑定，唯有如此，才能完成身份识别任务。由结果来看，目标与非目标范畴间差异水平不仅影响了目标的方位追踪，而且对方位与身份的绑定也产生了影响，其背后的机制将在综合讨论部分进行详细探讨。

值得注意的是，实验 2 中目标包含 5 个数字（非目标为 5 个字母）条件与实验 1A 的范畴间差异条件和实验 1B 目标数量为 5 时的范畴间差异条件完全相同，仅在任务要求上存在差异。在实验 1A 和 1B 中，被试仅需要对目标方位进行追踪；而在实验 2 中，如上所述，被试不仅要对目标方位进行追踪，而且要对目标的方位与身份进行绑定。从追踪表现来看，所有实验中该条件下被试的追踪正确率都在 90% 左右。而实验 2 中该条件的身份识别表现显著低于追踪表现。由这一结果可以看出，在多身份追踪中，目标方位追踪与目标身份和方位的绑定很可能是相互分离的两个过程，目标身份和方位的绑定过程并未对追踪表现产生影响，因为方位追踪任务相对容易，被试可能优先完成了该任务，其次才是身份与方位的绑定任务。

4 综合讨论

实验 1 考察了目标与非目标的身份特征差异性对追踪表现的影响及不同追踪负荷下其影响机制的差异。实验 1A 和 1B 一致发现，在目标数量为 5 也即中等追踪负荷下，随着目标与非目标身份特征差异性水平的提高，即由无差异、范畴内差异到范畴间差异，被试的追踪表现也显著提高。实验 2 在追踪任务的基础上增加了身份识别任务，并操纵了目标与非目标身份特征的范畴间差异水平，考察其对追踪表现与身份识别的影响。结果发现随着范畴间差异水平的提高，被试的追踪表现与身份识别表现都得到了显著提高，但身份识别表现低于追踪表现。

4.1 目标与非目标身份特征范畴内与范畴间差异促进追踪表现的机制

实验 1A 和 1B 发现，在中等追踪难度下，与无差异条件相比，目标与非目标身份特征的范畴内差异显著促进了追踪表现。这是由于目标独特的身份信息被储存在工作记忆中，在目标丢失的情况下，被试可利用储存的信息重新找回目标。当目标与非目标的身份特征存在范畴间差异时，被试的追踪表现不仅显著高于无差异条件，而且显著高于范畴内差异条件。我们认为，范畴间差异对追踪表现的促进作用，不仅涉及上述的工作记忆机制，而且还可能涉及分组理论。

根据 Yantis（1992）的分组理论（Grouping Theory），被试在完成多目标追踪任务过程中会使用知觉组织（Perceptual Organization）或知觉分组（Perceptual Grouping）策略。在目标标记阶段，被试首先构建起一个由目标组成的虚拟多边形的知觉表征（Perceptual Representation），然后在目标运动过程中持续更新该内部模型（Internal Model）。在多目标追踪中，因为目标与非目标的表面特征相同，被试无法利用对象的身份信息来进行分组表征。但在多身份追踪中，被试可以利用目标与非目标的身份信息来进行分类表征以更好地完成追踪任务。当然，这里的分类表征并不局限于知觉层面，而是更多地扩展到了注意和工作记忆层面。目标与非目标存在范畴间差异的条件使被试能够对目标与非目标进行更有效的分类表征，或者按照 Howe 和 Holcombe（2012）的解释，这种分类表征起到了注意指向作用，可以引导被试把注意更多地指向目标而不是非目标。这可能是范畴间差异的追踪表现显著高于范畴内差异的原因。

有研究发现目标的丢失（Dropping）和目标与非目标的混淆（Swapping）均会导致追踪成绩的下降（Drew，Horowitz，& Vogel，2013）。目标与非目标的范畴间差异到底是减少了目标的丢失还是目标与非目标的混淆，目前的研究还不能确定。虽然目前的实验结果无法确定到底是哪种机制或理论起了决定作用，但从实验 1A 和 1B 一致发现中等追踪难度下范畴间差异的追踪表现显著高于无差异和范畴内差异条件来看，我们倾向于认为被试更可能在对目标身份进行认知加工和工作记忆的基础上采取了分组策略，即把同一范畴的目标归为一组，这一方面可以在某种程度上降低追踪负荷，即由追踪 5 个目标变为追踪 1 个大的虚拟客体；另一方面可以促进对目标身份的工作记忆，即“组块”效应。两者协同作用促进了范畴间差异条件下的目标追踪表现。当然，要做出确切的结论，还需要进一步的深入研究和探讨。

4.2 目标与非目标身份特征范畴间差异促进身份识别的机制

目标与非目标范畴间差异在促进追踪表现的同时，还促进了身份识别表现；随着范畴间差异水平的提高，身份识别表现也得到了显著提高（实验 2）。这可能有两种解释：一是因为目标与非目标的范畴间差异降低了用于追踪的注意资源消耗或存储身份特征的工作记忆负荷，使被试有更多的认知资源用于身份——方位的绑定，从而促进了身份识别。

二是来自多身份追踪模型的解释（Oksama & Hyönä，2008）。Oksama 和 Hyönä（2004）的研究发现，视觉工作记忆与注意切换能够较高地预测个体在多身份追踪任务中的追踪成绩，并在后续研究中提出了多身份追踪模型（Model of Multiple Identity Tracking，MOMIT，Oksama & Hyönä，2008），以解释多身份追踪的机制。该模型包括 5 种成分：①负责分析目标身份信息的；②负责分析目标位置信息的；③暂时的记忆缓冲器，用以保存目标带索引的位置信息；④注意切换控制系统；⑤情节缓冲器，用以对目标的位置信息和身份信息进行绑定。该模型认为多身份追踪同时存在着平行加工和注意切换两种机制。低级的平行加工同时加工了目标的位置信息和身份信息。而高级的注意切换根据输入的信息，有效的切换注意的焦点。情节缓冲器接受来自注意切换、位置加工、身份加工的信息而不断更新，并对位置信息和身份信息进行绑定。随着目标与非目标身份范畴间差异水平的不断提高，多身份追踪模型的两个加工成分可能发生变化：一是目标身份信息的早期分析模块，目标与非目标范畴间差异水平越高，被试从长时记忆中提取信息时发生混淆的概率越低；二是在情节缓冲器中保持目标身份与方位绑定的时候，在目标与非目标范畴间差异水平较高的情况下，被试可更有效地排除非目标的干扰作用，也即避免误把非目标的方位与目标的身份绑定在一起，减少了绑定错误，从而提高了身份识别表现。这两个过程都可能是导致目标与非目标范畴间差异越大，目标的身份识别表现越好的原因。

在本研究实验 2 中，身份识别正确率显著低于追踪正确率，说明位置信息和身份信息之间的捆绑并不“牢固”，在要求回忆目标位置对应的身份信息时，容易发生混淆和错误。并且目标方位追踪与目标身份和方位的绑定很可能是相互分离的两个过程，被试可能优先完成了方位追踪任务，其次才是身份与方位的绑定任务。

5 结论与展望

本研究考察了多身份追踪任务中目标与非目标的身份特征差异性对追踪表

现与身份识别的影响。结果发现在仅要求被试追踪目标的范式下，目标与非目标身份特征的范畴内和范畴间差异都显著促进了追踪表现。本研究同时考察了目标与非目标身份特征的范畴间差异水平对追踪表现与身份识别的影响。发现随着范畴间差异水平的提高，被试的追踪表现与身份识别表现都得到了显著提高，但身份识别表现低于追踪表现。

本研究深入探讨了目标与非目标的身份特征差异性如何在多身份追踪中发挥作用。但目标之间的身份特征差异性对多身份追踪的影响有待进一步研究。此外，由于追踪与识别两种任务的要求不同，目标与非目标之间及目标之间的身份特征差异性对两种任务的不同影响有待更多的探讨。在实际生活中，影响多身份追踪的因素是多种多样的，如当追踪目标处于三维立体环境中时，目标往往带有多维度的身份特征；真实场景中的物体往往带有语义范畴等概念信息，不同语义范畴物体的认知加工机制也不尽相同。因此，采用更生态化的情境研究多身份追踪中目标各个维度的身份特征在注意与视觉工作记忆中如何进行加工将更具理论和应用价值。

著者姓名　出版年　文题

参考文献

Alvarez, G. A., & Franconeri, S. L. (2007). How many objects can you track? Evidence for a resource-limited attentive tracking mechanism. *Journal of Visual, 7*, 1–10.

Botterill, K., Allen, R., & McGeorge, P. (2011). Multiple- object tracking: The binding of spatial location and featural identity. *Experimental Psychology, 58*, 196–200. ← 刊名，卷（期），页码

Cohen, M. A., Pinto, Y., Howe, P. D. L., & Horowitz, T. S. (2011). The what–where tradeoff in multiple identity tracking. *Attention, Perception & Psychophysics, 73*, 1422–1434.

Drew, T., Horowitz, T. S., & Vogel, E. K. (2013). Swapping or dropping? Electrophysiological measures of difficulty during multiple object tracking. *Cognitive, 126*, 213–223.

De-Wit, L. H., Lefevre, C. E., Kentridge, R. W., Rees, G., & Saygin, A. P. (2011). Investigating the status of biological stimuli as objects of attention in multiple object tracking. *PLoS ONE, 6*, e16232.

Howe, P., & Holcombe, A. O. (2012). The effect of visual distinctiveness on multiple object tracking performance. *Frontiers in Perception Science, 3*, 307.

Horowitz, T. S., Klieger, S. B., Fencsik, D. E., Yang, K. K., Alvarez, G. A., & Wolfe, J. M. (2007). Tracking unique objects. *Perception & Psychophysics, 69*, 172–184.

Iordanescu, L., Grabowecky, M., & Suzuki, S. (2009). Demand-based dynamic distribution of attention and monitoring of velocities during multiple-object tracking. *Journal of Vision, 9*, 1–12.

Liu, T. W., Chen, W. F., Liu, C. H., & Fu, X. L. (2012). Benefits and costs of uniqueness in multiple object tracking: The role of object complexity. *Vision Research, 66*, 31–38.

Makovski, T., & Jiang, Y. V. (2009a). The role of visual working memory in attentive tracking of unique objects. *Journal of Experimental Psychology: Human Perception & Performance, 35*, 1687–1697.

Makovski, T., & Jiang, Y. V. (2009b). Feature binding in attentive tracking of distinct objects. *Visual Cognition, 17*, 180–194.

Oksama, L., & Hyönä, J. (2004). Is multiple object tracking carried out automatically by an early vision mechanism independent of higher-order cognition? An individual difference approach. *Visual Cognition, 11*, 631–671.

Oksama, L., & Hyönä, J. (2008). Dynamic binding of identity and location information: A serial model of multiple-identity tracking. *Cognitive Psychology, 65*, 237–283.

Pinto, Y., Howe, P. D. L., Cohen, M. A., & Horowitz, T. S. (2010). The more often you see an object, the easier it becomes to track it. *Journal of Vision, 10*, article 4.

Pylyshyn, Z. W., & Storm, R. W. (1988). Tracking multiple independent targets: Evidence for a parallel tracking mechanism. *Spatial Vision, 3*, 179–197.

Ren, D., Chen, W., Liu, C. H., & Fu, X. (2009). Identity processing in multiple-face tracking. *Journal of Vision, 9*, 1–15.

Wei, L. Q., Zhang, X. M., Li, Y. N., & Ma, Y. (2014). The effects of visual and auditory dual-task on Multiple Object Tracking performance: Interference or promotion? *Acta Psychologica Sinica, 46*, 727–739.

[魏柳青，张学民，李永娜，马玉．(2014). 视听通道双任务对多目标追踪的影响：干扰还是促进？*心理学报，46*, 727–739.]

Yantis, S. (1992). Multielement visual tracking: Attention and perceptual organization. *Cognitive Psychology, 24*, 295–340.

Zhang, B. Y., & Ding, J. H. (2010). Attentional strategy and the pattern of eye movements during Multiple Object Tracking. *Psychological Exploration, 30*, 50–53.

[张滨熠，丁锦红．(2010). 多目标视觉追踪的注意策略及其眼动模式．*心理学探新，30*, 50–53.]

Zhang, B. Y., & Ding, J. H. (2011). The study of the influence of target size changes on Multiple Object Tracking. *Chinese Journal of Applied Psychology, 17*, 49–55.

[张滨熠，丁锦红．(2011). 目标大小变化对多目标视觉追踪的影响．*应用心理学，17*, 49–55.]

Zhang, X. M., Shu, H., Li, Y. N., Sun, C., Zhang, G. F., Zhou, Y. B., & Bai, Z. Q. (2008). A study of the visual tracking of compound stimulus. *Psychological Science, 31*, 121–125.

[张学民，舒华，李永娜，孙晨，张桂芳，周义斌，白仲琪．(2008). 复合运动刺激视觉追踪的初步研究．*心理科学，31*, 121–125.]

英文题名

The Facilitating Effect of Target-Nontarget Categorical Difference in Identity on Multiple Identity Tracking

BAI Tian[1,2]; LYU Chuang[1]; WEI Liuqing[3]; ZHOU Yibin[1,4]; ZHANG Xuemin[1,5]

著者英文姓名

([1] *School of Psychology, Beijing Normal University, Beijing* 100875, *China*)

([2] *Department of Psychology and Behavioral Sciences, Zhejiang University, Hangzhou* 310028, *China*)

([3] *Henan Institute of Sport Science, Zhengzhou 450044, China*)

([4] *School of Humanities and Social Sciences, Fuzhou University, Fuzhou 350108, China*)

([5] *National Key Lab of Cognitive Neuroscience and Learning, Beijing* 100875, *China*)

英文著者单位

英文摘要

Abstract

Research on Multiple Identity Tracking (MIT) focused on the influence of differences in properties of targets' and non-targets' identities on tracking performance and identity recognition. It has been found that the uniqueness of single property, but not compounded property, facilitated tracking performance. However, the uniqueness of compounded property could facilitate tracking performance in the condition where the property guided or oriented attention towards targets. The facilitating effect was also affected by both the complexity of identity information and working memory load. One problem with the previous research is that the same category of stimuli (e.g., either numbers or letters) served as targets and non-targets. The current study involved two categories of stimuli (i.e., 0-9 and A, C, E, K, N, P, R, T, U, Y) and manipulated the differences between targets and non-targets to investigate the effects of differences in targets-nontargets identity on tracking performance and identity recognition.

Two experiments had been conducted with undergraduate students using the MIT paradigm. Experiment 1A included three conditions: no identity difference (e.g., both targets and non-targets were the same numbers), within-category difference (e.g., targets and non-targets were different numbers), and between-category difference (e.g., targets were numbers and non-targets were letters). Results showed a significantly greater tracking performance in the between-category difference condition relative to the no identity difference condition, with within-category difference in between. Experiment 1B simultaneously manipulated the identity differences (no difference, within-category difference, between-category difference) and the number of targets (4 vs. 5) and found a significant interaction between the two factors. That is, when there were 4 targets (6 non-targets), tracking performance for between-category difference and within-category difference was better than for no identity difference; when there were 5 targets (5 non-targets), tracking performance for between-category difference was better than for within-category and no identity difference. And tracking performance for within-category difference was significantly better than for no identity difference. Experiment 2 altered the degrees of between-category difference. Non-targets in the third experiment were 5 letters. Targets were 4 letters and 1 number (low-difference condition), 2 letters and 3 numbers (medium-difference condition), and 5 numbers (high-difference condition). We observed that both tracking performance and identity recognition increased with the increasing degree of difference.

The results of the two experiments indicated that between-category identity difference between targets and non-targets facilitated tracking performance and identity recognition in the multiple identity tracking task. These results could be explained by the working memory model, grouping theory and Model of Multiple Identity Tracking (MOMIT).

英文关键词

Key words Multiple Identity Tracking; category; working memory; grouping theory

附录 C

校对符号及用法示例

编号	符号形态	符号作用	符号在文中和页边用法示例	说明
		一、字符的改动		
1	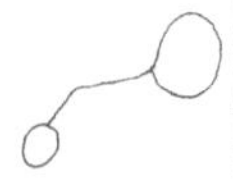	改正	增高出版物质量。 提 改革开改 放	改正的字符较多，圈起来有困难时，可用线在页边画清改正的范围 必须更换的损、坏、污字也用改正符号画出
2	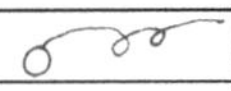	删除	提高出版物物质质量。	
3	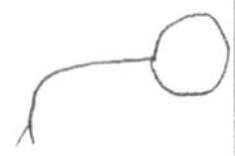	增补	要搞好校工作。 对	增补的字符较多，圈起来有困难时，可用线在页边画清增补的范围
4	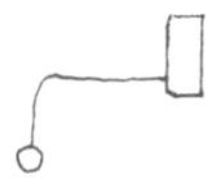	改正上下角	16＝42 2 H_2SO4 4 尼古拉费欣 · 0.25＋0.25＝0 5 . 举例 2×3＝6 : X Y＝1∶2 :	
		二、字符方向位置的移动		
5		转正	字符颠倒要转正。	
6	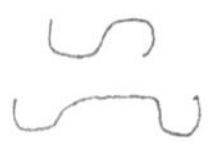	对调	认真经验总结。 认真验结经总。	用于相邻的字词 用于隔开的字词
7		接排	要重视校对工作， 提高出版物质量。	
8		另起段	完成了任务。明年……	
9	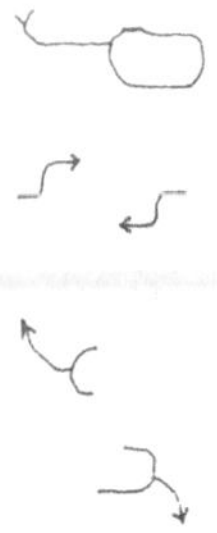	转移	校对工作，提高出 版物质量要重视。 "。以上引文均见中文新版《 列宁全集》。 编者 年 月 …… 各位编委：	用于行间附近的转移 用于相邻行首末衔接字符的推移 用于相邻页首末衔接行段的推移

续表

10	 或 	上 下 移	序号 名 称 数量 01 显微镜 2	字符上移到缺口左右水平线处 字符下移到箭头所指的短线处
11	 或 	左 右 移	要重视校对工 作，提高出版物质量。 3 4 5 6 5 欢呼 歌 唱	字符左移到箭头所指的短线处 字符左移到缺口上下垂直线处 符号画得太小时，要在页边重标
12	 	排 齐	校对工作非常重要。 必须提高印刷 质量，缩短印制周 期。 国 家 标 准	
13		排阶梯形	RH_2	
14		正 图	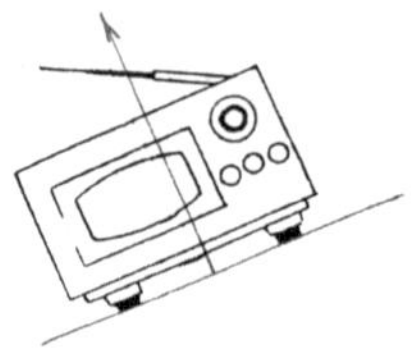	符号横线表示水平位置，竖线表示垂直位置，箭头表示上方

三、字符间空距的改动

15	∨ ＞	加大空距	一、校对程序 校对胶印读物、影印 书刊的注意事项：	表示在一定范围内适当加大空距 横式文字画在字头和行头之间
16	∧ ＜	减小空距	二、校对程 序 校对胶印读物、影印 书刊的注意事项：	表示不空或在一定范围内适当减小空距 横式文字画在字头和行头之间

续表

17	# # # #	空 1 字距 空 1/2 字距 空 1/3 字距 空 1/4 字距	第一章校对职责和方法 1. 责任校对	多个空距相同的，可用引线连出，只标示一个符号
18	Y	分　开	Goodmorning!	用于外文
四、其　他				
19	△	保　留	认真搞好校对工作。	除在原删除的字符下画△外，并在原删除符号上画两竖线
20	○＝	代　替	兰色的程度不同，从淡兰色到深兰色具有多种层次，如天兰色、湖兰色、海兰色、宝兰色…… ○＝蓝	同页内有两个或多个相同的字符需要改正的，可用符号代替，并在页边注明
21	○○○	说　明	**第一章** 校对的职责 改黑体	说明或指令性文字不要圈起来，在其字下画圈，表示不作为改正的文字。如说明文字较多时，可在首末各三字下画圈

资料来源：中华人民共和国国家标准 GB/T 14706-1993《校对符号及其用法》. 见：新闻出版总署科技发展司，新闻出版署图书出版管理司，中国标准出版社. *作者编辑常用标准及规范*（第三版）(777-780). 北京：中国标准出版社，2008.

参考文献

陈浩元 . (1998). *科技书刊标准化 18 讲* . 北京：北京师范大学出版社 .

国家标准局 . (1987). *科学技术报告、学位论文和学术论文的编写格式* . 北京 : 中国标准出版社 .

霍效光 . (1994). *编辑指南* . 水力发电杂志社 .

美国心理学会 . (2011). APA *出版手册* (简明版)(第五版)(周晓林，叶铮，张璇等译). 北京：人民邮电出版社 .

美国心理协会 . (2011). APA *格式：国际社会科学学术写作规范手册* (英语第 6 版) (席仲恩等译). 重庆：重庆大学出版社 .

舒华，张亚旭 . (2008). *心理学研究方法* . 北京：人民教育出版社 .

新闻出版总署科技发展司，新闻出版署图书出版管理司，中国标准出版社 . (2008). *作者编辑常用标准及规范* (第三版). 北京：中国标准出版社 .

中国大百科全书出版社编辑部 . (2004). *中国大百科全书 · 哲学卷* . 上海：中国大百科全书出版社 .

American Psychological Association. (2010). *Publication Manual of the American Psychological Association* (6th ed.). Washington DC.

Whitley, B. E. & Kite, M. E. (2013). *Principles of Research in Behavioral Science*. New York: Taylor & Francis.